AF493950

HISTOIRE MEMORABLE DE LA PERSECVTION

& ſaccagemẽt du peuple de Merindol & Cabrieres & autres circõuoiſins, appelez

VAVDOIS.

PSEAV. LXXIX.

Seigneur, que la vengeance du ſang de tes ſeruiteurs reſpandu ſoit cogneue parmi les gens, en noſtre preſence.

ACTES IX.

Saul, Saul, pourquoy me perſecutes-tu?

L'AN M. D. LVI.

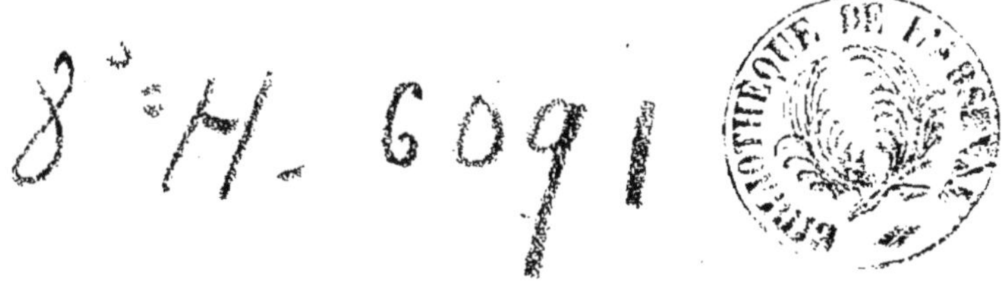

HISTOIRE MEMORABLE DE CEVX DE MERINDOL & Cabrieres, appelez Vaudois,

LE Seigneur Dieu, Pere de toute misericorde n'a iamais abandonné tellement son Eglise (laquelle autrement eust esté semblable à Sodome & Gomorrhe) qu'il ne luy ait laissé quelque semence: de laquelle puis apres il a produit le fruict de sa cognoissãce. Car en l'an M.CC. XVIII. Dieu suscita vn personnage, lequel touché de son Esprit, monstra assez quelle est l'ingratitude & rebellion des hõmes enuers la Diuine visitation: & le salaire de ceux qui s'employent à auancer la Verité, au salut & profit de l'Eglise. Ce personnage estoit nommé Waldo, riche marchant de Lyon. Iceluy donc Diuinement inspiré, commença à considerer, gemir & lamenter la ruine & desolation du poure peuple Chrestien, lequel estoit comme brebis esgarées, n'ayant point de pasteur. Car ceux qui lors tenoyẽt le lieu de pasteurs, n'estoyent rien moins. Waldo donques, desirant remedier à telle playe, entendit tresbien en quelle boutique il faloit cercher la medecine. Et pourautant qu'il estoit hõme indocte, & que la Parole de Dieu n'estoit lors en langue vulgaire, il donnoit argent à quelques sauans, pour luy translater les sainctes lettres, & quelques passages des anciens & plus purs Docteurs. Par ce moyen la conoissance de Verité print grand accroissement en l'esprit de Waldo: qui, conferant la forme de la religion de son temps à l'infallible reigle de la Parole de Dieu, voyoit à l'œil qu'il n'y auoit aucun accord. Et signamment, que l'ambition & auarice de ceux qui vsurpoyent le gouuernement de l'Eglise, estoit cause du desordre. Parquoy deuant toutes choses il voulut practiquer le dit du Seigneur, Si tu veux estre parfait, va, ven tout ce que tu as, & le donne aux poures. Ce qu'ayant fait Waldo, commença en grande modestie, en grande vehemence & liberté à descouurir les abuz & mechancete des Ecclesiastiques, en sorte que plusieurs esmeus par l doctrine & sainctеté de vie, s'adioignirẽt à luy: lesque (comme nous auõs mis cy dessus en la premiere parti de ce Recueil) ont eu diuerses appelations selon les pa qu'ils ont habitez. En France ils ont esté nommez Po ures de Lyon: és dernieres parties Sarmatiques & Li uoniques & autres regions vers Septentriõ, ont esté a pelez Lollars: en Flãdre & Arthois, d'vne habitatiõ de serte & exposée au dangers des loups, ont esté surnom mez Turrelupins: en Dauphiné, Chaignars par vn ex treme mespris. Toutesfois la plus vulgaire appelatio de Vaudois leur est demourée. Iceux à l'exemple d Waldo, trauailloyẽt à instruire le peuple, & par bon ex emple de vie, & par parole. Leur poinct principal, qu lors desbendoit les yeux, & ostoit l'esblouissement brouées d'ignorance, respandues sur la terre, estoit, qu tenans Christ pour seul Sauueur & chef de l'Eglise, pa consequence ils estimoyent le Pape vray Antechrist, sa doctrine vne poison mortelle. Il ne faut icy demar der, si cependant le diable dormoit, ou estoit lasche maintenir son ancienne possession. Car premieremen pource que le nom & l'integrité de Waldo & des sier estoit telle, que de primsaut les Ecclesiastiques n'osoy ent espandre leur sang, ils leur firent bien ceste grace c les aduertir qu'ils eussent à se desister de leur entrepri se: veu que nul, selon leur dire, ne se deuoit ingerer c prescher, sans l'autorité ordinaire des Prelats. A que Waldo & les siens seurent bien respondre, qu'il fallo plustost obeir à Dieu qu'aux hommes. Apres telle re sponse, il ne fut question que d'aller aux cousteaux. C le Pape les declaira heretiques, pour fermer les oreill de tout le peuple à la Verité. Puis non content de cel il esmeut les Rois & Princes de France à les persecut & saccager. Qui fut cause que ces bõnes gens se respa dirent par diuers lieux de l'Europe, esquels maugré furie des hommes & du diable, ils ont entretenu que

qu

que purité de la religion, la baillant de main en main à leurs successeurs. Et pour ce faire entretenoyent quelques enfans de bon esprit, qui apres leur seruoyent de Ministres: ausquels deuãt toutes choses ils faisoyent apprendre par cœur l'Euangile selon S. Matth. & la 1. Epistre de S. Paul à Tim. L'Euangile, pour instruire le peuple: l'Epistre, pour sauoir comment ils se deuoyent conduire en leur charge. Ces Ministres nommez Barbes, ou Oncles, alloyent de lieu en autre, sans long tẽps seiourner en vne place: & pour consoler & enhorter ce poure peuple, le plus souuent les assembloyent de nuict, quelque fois en vne fosse, ou quarriere, pour crainte de la persecution. Ces assemblées clandestines ont donné occasion aux mechans de les charger de toutes calomnies: comme on auoit fait les Chrestiens en la primitiue Eglise, pource qu'ils cõuenoyẽt aussi en secret. Ils ont esté estimez du vulgaire incestueux, sorciers, enchanteurs, & du tout dediez aux diables, faisans conuenticules, tant pour exercer paillardises & autres choses execrables, que pour faire leur sabbath (i'vse de leurs termes) auec le diable, qui là se presentoit. Voila comme les seruiteurs de Christ sont diffamez. Voila comme le monde s'informe de la Verité, appelant la lumiere tenebres, & tenebres lumiere. Et neantmoins ces fausses calomnies n'ont peu tant preiudicier à la Verité, que l'innocence & sainctete des Vaudois n'ait esté cogneue par quelques vns de bon esprit, qui curieusement s'en sont informez. Entre les autres on peut bien receuoir le tesmoignage de maistre Claude de Seisel, Euesque de Marseille, & depuis Archeuesque de Thurin, homme de grand fauoir pour son temps, & Ambassadeur du Roy Loys douzieme: lequel, combiẽ qu'il fust leur ennemi iuré (tesmoin le liure en Latin qu'il a escrit cõtre eux) & les estimast mechans & desuoyez, quant à la doctrine, confesse, toutesfois comme par contrainte, qu'ils sont gens entiers & irreprehensibles, quant à ce qui touche l'obseruation des commandemens de Dieu. Mais s'il eust leu la confession de foy que les Vaudois de Boheme, estans tyrannisez & cruellement persecutez, enuoyerent à Vladislaus Roy de Hongrie & de Boheme, l'an mil cinq cens & huit, auec la responce ou defense contre les calõnies d'vn certain docteur, nõmé Augustin: il eust eu cause de se contenter, & cõfesser, que non sans grandes & euidentes raisons, ils s'estoyent separez de l'eglise Romaine. Parquoy maintenant tous Chrestiens doiuent autrement estre informez des Vaudois, & les tenir pour gens de biẽ, & imitateurs du sainct Euangile, pour lequel ils ont esté de nostre tẽps si cruellement massacrez & mis à sac à Cabrieres & Merindol. Ce qui est aduenu par telle occasion.

Histoi-

HISTOIRE DE CEVX DE MERINDOL ET CABRIERES, *peuple de Prouence.*

EN l'an 1540, à la requeste du Procureur general du Roy, de la Cour du Parlement de Prouence, furẽt adiournez à comparoistre en persõne, André Mainard, Iean Cambrie, Francois Mainard, dit Chaiz, Iean Bony, Antoine Palenq, Guillaume Arment, Michel Mainard, Iean Palenq, Mondon Brunerol, Faci Bernard, tous habitans de Merindol: pour respõdre sur le contenu des charges & informations contre eux faites. Les surnommez allerent en la ville d'Aix, pour se presenter à la Cour, au iour à eux assigné. Et s'adresserent aux plus sauans Aduocats, pour par cõsultation accoustumée, auoir conseil, comme ils se pourroyent conduire & gouuerner en cest affaire. Les Aduocats & Procureurs leur dirent, qu'il ne leur est permis bailler conseil, ny aucun aduis à ceux de leur qualité, qui sont suspects (comme ils ont entendu) de secte Lutherienne. Toutesfois l'vn des Aduocats leur dit secretement & à part, qu'ils ne se deuoyent presenter à ladite Cour, sinon qu'ils fussent prests & appareillez d'endurer d'estre bruslez à petit feu, voire feu de paille, sans autre forme ne figure de proces. Car cela estoit desia par ladite Cour conclud & arresté contre eux. Par ces propos lesdits de Merindol furent espouuantez, & encores plus, quand de faict ils virent deuant leurs yeux rigoreusement & cruellemēt tourmenter & meurtrir plusieurs bons personnages: n'ayans autre cause en leur cōdamnation, sinon qu'ils auoyent dit & maintenu propos, qui estoyent declairez Lutheriens par les Docteurs en Theologie: combien que les propos par eux dits & contenus en leur condamnation, fussent du tout conformes à la saincte Escriture. Ce voyans donc lesdits de Merindol, n'oserent comparoistre au iour à eux assigné, & firent defaut: en vertu duquel ladite Cour donna vn Arrest, qui tousiours depuis a esté appelé l'Arrest de Merindol: lequel a esté lōguement depuis plaidoyé & disputé au Parlement à Paris, par appel interietté par le Procureur du Roy. Par cest Arrest non seulement lesdits de Merindol assignez à comparoistre, furent condamnez à estre bruslez incontinent qu'on les pourroit prendre & saisir au corps, comme atteints & cōueincus de crime de Lese maiesté Diuine & humaine, leurs biēs acquits & confisquez au Roy: mais aussi par ledict Arrest furent condamnez tous les manans & habitans dudit Merindol (auquel lieu y auoit bien quatre vingts mesnages) à estre tous bruslez, tant hommes que femmes, qu'enfans, sans reseruer aucune personne. Et par le mesme

Arrest

Arreſt fut dit, que toutes les maiſons de Merindol ſeroyent abatues, & le village du tout raſé & deshabité: & tous les arbres du tout couppez, tant oliuiers qu'autres, ſans rien laiſſer: & ce à cinq cens pas à la ronde, pour rendre le lieu du tout inhabitable, comme plus au long eſt contenu audit Arreſt: lequel fut eſtimé de ſi grande importance, qu'il n'y auoit lieu ne place au pais de Prouence, ou ne fuſt parlé & diſputé dudit Arreſt, & meſme entre les Aduocats & gens de ſauoir: tellemẽt qu'aucuns oſoyent bien dire publiquement, que c'eſtoit merueilles, qu'vne Cour de Parlemẽt fuſt ſi enchantée & inſenſée, d'auoir baillé vn tel Arreſt, ſi manifeſtemẽt iniuſte, deſraiſonnable, & contre tout droict & raiſon: & meſme contre le ſerment tant ſolennel, qu'ont accouſtumé de faire tous ceux qui ſont receus en offices aux Cours des Parlemens: aſſauoir, de iuger iuſtement & librement, ſelõ la ſaincte Loy de Dieu, & les iuſtes ordonnances du royaume, ſans auoir acception de perſonne, & ſans rien entreprendre, ny en particulier ny en general, legerement & temerairement: mais du tout par bonne & meure deliberation iuger en ſorte & maniere, que par leur iugement Dieu ſoit honnoré, & le droict d'vn chacun gardé, ſans aucune choſe iniuſtement attenter, & ſans endommager aucun à tort par violence ou voye de faict. Aucuns des Aduocats defendans ledict Arrest estre iuste, disoyent, qu'en cas de secte Lutheriēne, les iuges ne sont tenus de garder ne droict ne raison, ne loy ny ordonnance: & que les Iuges ne peuuēt faillir, quelque iugement qu'ils dōnent: pourueu que ce soit du tout au desaduantage, & à la ruine & extirpation de ceux qui sont suspectionnez d'estre Lutheriēs. A cela les Aduocats & gens de sauoir respondoyēt, Que de leur dire s'ensuyuroit, que les iuges de maintenant suyuent du tout la forme & maniere de proceder contre les Chrestiens, accusez d'estre Lutheriens, telle que les Sacrificateurs, Scribes & Pharisiens ont tenu, à poursuyure & persecuter, voire & finalemēt condāner nostre Seigneur Iesus Christ: comme assez appert par la doctrine du S. Euangile. Par tels & semblables propos, ledit Arrest a esté par tout le pais publié: & ne se faisoit assemblée ne banquet, ou n'en fust disputé. Et mesme dix ou douze iours apres que ledit Arrest fut donné, il fut fait vn grand festin en la ville d'Aix, auquel estoit le President M. Barthelemi Chassanée, & plusieurs Conseilliers & autres personnages nobles & d'autorité. Ausi y estoyent l'Archeuesque d'Arles & l'Eueſque d'Aix, auec les dames & damoiselles: entre lesquelles y en auoit vne, qui estoit, selon le bruit & cōmune renōmée, estimée paillarde de l'Euesque d'Aix. Icelle au cōmencement du banquet, cōmenca à dire,

Mon-

Monſieur le Preſident, ne voulez-vous point faire executer l'Arreſt, qui a eſté donné ces iours paſſez contre ces Lutheriens de Merindol? Et le Preſident ne reſpondit rien, feignãt qu'il n'euſt entẽdu ce qu'elle diſoit. Et vn Gẽtil-homme demanda, quel Arreſt il y auoit cõtre ceux de Merindol. Et la damoiſelle le recita à la forme & maniere qu'il auoit eſté dõné, ſans rien oublier, comme ſi de long temps elle l'euſt bien recordé. Et tous ceux du banquet l'eſcoutoyent diligemment, ſans dire mot, iuſques à ce qu'elle euſt du tout acheué ſon propos. Et alors le ſeigneur d'Alenc, homme craignant Dieu, & de grand ſauoir, luy dit, Madamoiſelle, vous auez apprins ce cõte de quelcũ, qui voudroit qu'il fuſt ainſi: ou bien, c'eſt vn Arreſt, qui a eſté donné par la cour du parlement des femmes. Et monſieur de Senas anciẽ Conſeillier, dit, Non, non, mõſieur d'Alenc, ce n'eſt pas vn conte ne fable, ce que vous auez ouy de ceſte damoiſelle: mais vn Arreſt de la Cour. Et ne faudroit pas parler cõme vous auez fait, ſinon que vous vueillez appeler la Cour de Prouence, le parlement des femmes. Lors le ſeigneur d'Alẽc cõmença à s'excuſer, auec proteſtation, qu'il ne voudroit dire choſe, pour blaſmer l'autorité d'vne Cour ſouueraine: toutesfois qu'il ne pourroit croire du tout ce que par ceſte damoiſelle auoit eſté propoſé: aſſauoir, que par Arreſt de la Cour du

Parlement de Prouence, ayent esté cõdamnez à mort tous les manans & habitans de Merindol : & mesmes les femmes & les petis enfans, & le village à estre du tout rasé, pour la faute de dix ou douze personnes, qui ne se sont presentées à ladite Cour, au iour à eux assigné. Et le seigneur de Beau-ieu dit, Aussi ne croy-ie pas, que la Cour ait baillé vn tel Arrest: ce seroit chose desraisonnable, & que les Turcs & les hommes les plus cruels du mondē, iugerõt chose inhumaine & detestable. Aussi i'ay de long temps cognu plusieurs de Merindol, qui me semblent estre de bonne preudhommie. Et monsieur le President diroit bien de cest affaire ce qui en est : car il ne se faut pas arrester au dire des femmes. La damoiselle qui auoit recité l'Arrest, n'attendit pas que le President respondist : mais dit soudainemẽt en regardãt l'Euesque d'Aix, Ie seroye bien esmerueillée, s'il ne se fust trouué quelcun en ceste compagnie, qui defendist ces malheureux. Et leuant les yeux au ciel, dit en courroux feminin, Que pleust à Dieu, que tous les Lutheriens qui sont en Prouẽce, voire en France, eussent cornes au front ! on verroit beaucoup de cornus. Et le seigneur de Beau-ieu respondit soudainemẽt, Que pleust à Dieu, que toutes les paillardes des prestres parlassent comme oyes! Et la damoiselle dit, Ha monsieur de Beau-ieu, il ne faut pas ainsi parler contre nostre mere

saincte

ſainĉte egliſe : iamais chien n'abaya contre le crucifix, qu'il n'enrageaſt. Alors l'Eueſque d'Aix commença à rire, & dire en frappant ſur l'eſpaule de la damoiſelle, Par mes ſainĉtes ordres, ma mignonne, vous m'auez bien fait plaiſir. elle a bien parlé à vous, monſieur de Beau-ieu : retenez bien la leçon qu'elle vous baille. Le ſeigneur de Beau-ieu dit en courroux, Ie n'ay que faire d'aller à ſon eſcole, ny à la voſtre: & ne ſauroye apprendre d'elle ne de vous auec, ne bien ny honneur. Or quand ie diroye bien, que la plus part des Eueſques & preſtres ſont paillars, adulteres, aueugles, idolatres, trompeurs, larrõs, ſeduĉteurs, ie ne parleroye pas contre la ſainĉte Egliſe : mais contre vn trouppeau de loups & de chiens, & de porceaux abominables: & en diſant cela, ie ne penſeroye point enrager, ſinon qu'on enrage pour dire la verité. Lors l'Archeueſque reſpondit furieuſement, Vous parlez mal, monſieur de Beau-ieu, & vous faudra rendre conte en tẽps & lieu, des propos que vous tenez des gens d'egliſe. Et le ſeigneur de Beau-ieu dit, Ie voudroye que ce fuſt dés auiourdhuy : & ie me ſubmettroye à prouuer plus d'abus & de meschancetez des preſtres, que ie n'ay encore dit. Lors le Preſident Chaſſanée dit, Laiſſons le mouſtier là ou il eſt, monſieur de Beau-ieu, & viuons comme nos peres, & maintenons leur hõneur. Le ſeigneur de Beau-ieu dit tout courroucé, Ie ne ſuis pas fils de preſtre, pour maintenir leurs abus & mechancetez. Puis dit, Ie veux bien hõnorer tous vrais Paſteurs de l'Egliſe, qui monſtrent bon exemple & en doctrine & en vie, & tels ne voudroye blaſmer. Mais ie vous demande, monſieur d'Arles: & vous pareillement, monſieur d'Aix, qũand les Sacrificateurs & Preſtres de Ieruſalem ont eſté appelez par noſtre Seigneur Ieſus Chriſt, Hypocrites, aueugles, ſeducteurs & brigands, leur a il fait outrage? Et ils dirent, Non: car la plus part eſtoit telle. Auſsi de ce que i'ay dit des Eueſques & preſtres (dit alors le ſeigneur de Beau-ieu) la plus part ſont tels, & pires. Et ay ſi grande horreur de leur vie tant orde & abominable, que ie n'oſeroye dire la moitié de ce que i'en ſay. A ceſte cauſe, en diſant la verité, pour abaiſſer le caquet d'vne paillarde, ie ne leur fay point d'outrage. Et monſieur de Senas ancien Conſeiller, dit, Laiſſons ces propos faſcheux: nous ſommes icy aſſẽblez pour faire bonne chere. Apres dit, Monſieur de Beau-ieu, pour l'amitié que ie vous porte, ie vous aduiſeray de trois choſes: que ſi vous les faites, vous vous en trouuerez bien. La premiere eſt, que vous ne baillez iamais aide, ne de faict ne de parole, à ceux deſquels vous auez ouy dire, qu'ils ſont Lutheriens. La ſeconde, c'eſt que vous ne vous meſliez de reprendre publiquement les dames de leurs me-

nus

nus plaisirs. La troisieme, c'est que ne trouuiez iamais à redire à la vie des prestres, pour mechante qu'elle soit: *iuxta illud*, *Nolite tangere Christos meos*. Le seigneur de Beau ieu respondit, Quãt au premier, ie ne cognoy point de Lutheriens, & ne say que c'est de Luthererie: sinon que vous appeliez Lutheriens, ceux qui preschent la doctrine de l'Euangile. Toutesfois ie n'approuueray iamais vn Arrest, qui aura esté donné à mort contre gens, qui n'auront estè ouys ny appelez: mesme contre les femmes & les petis enfans. Et suis asseuré, qu'il n'y aura Cour de Parlement de France, qui approuue tel Arrest. Et quant à ce que dites, de ne reprendre les dames, si ie say qu'vne mienne parente s'abandonne ny à prestre ny à clerc, fust-il biẽ Cardinal ou Euesque, ie ne luy feray pas l'honneur de la reprẽdre: mais ie luy copperay le nez pour le moins. Et au regard des prestres, ie suis contẽt de ne me mesler de leurs affaires: mais aussi qu'ils ne se meslẽt point des miẽnes, pour venir doresnauãt en ma maisõ. Car à ceux que i'y trouueray, ie leur feray la couronne si pres des espaules, qu'ils n'auront besoin d'vn chapperõ à gorge. Autãt en dit le President Chasſanée. Mais la bien-aimée de l'Euesque d'Aix (qui auoit cõmencé la querelle) dit, Ie ne feray pas bien à mon aise, si ie ne dy encores vn mot à mõsieur de Beauieu. Et pensez-vous, dit-elle à monsieur de

Béau-ieu, que tous les Cardinaux & Eues-ques, tous les Abbez & les prestres, & ces sainctes gens de religion, qui vont souuent aux maisons des gentils-hommes, voire qui entrẽt familierement & hantent aux chasteaux & palais des Princes, qu'ils y aillẽt pour faire mal? Mõsieur de Beau-ieu, si vous vouliez soustenir tels propos, ie ne cesseroye de vous accuser de crime de Lese maiesté Diuine & humaine: mais il y a bien personnages en ceste cõpagnie, qui vous en feront bien rendre conte. Elle n'eut pas acheué son propos, que monsieur de Beau-ieu luy dit, Allez, madame Herodias, paillarde deshonneste & effrontée: deuriez vous ouurir la bouche pour parler en ceste compagnie? Sauez-vous bien que c'est, que crime de lese maiesté Diuine & humaine? Ne vous deuroit-il pas suffire, sans desirer & solliciter que le sang innocent soit respandu? Et à ces paroles la damoiselle fut vn peu estonnée: & pensoit on que le propos auroit fin: & chacun taschoit d'inuenter propos facetieux, pour empescher que de cest affaire ne fust plus parlé. Toutesfois ladite damoiselle s'aduisa, qu'elle estoit par trop outragée, de dire qu'elle sollicitoit de faire respandre le sang innocent: & rompit tous les propos, disant à haute voix, Monsieur de Beau-ieu, si i'estoye aussi bien hõme que femme, ie vous presenteroye le combat, pour vous maintenir que ie ne suis point

point telle que vous dites, que ie desire de faire respandre le sang innocent. Appelez-vous le sang de ces meschãs de Merindol, le sang innocent? Il est bien vray que ie desire, & m'offre de tout mon pouuoir, que ces meschans de Merindol & leurs semblables, soyent deffaits & destruits, depuis le plus grand iusques au plus petit: & pour voir ce chef d'œuure, i'ay employé tout mon credit, & tous mes amis: & n'espargne ne corps ny biens, pour faire faire la ruine de ces gens, & en faire perdre la memoire d'entre les hommes. Et dea, monsieur de Beau-ieu, appelez-vous la tuerie des Lutheriens, l'effusion du sang innocent? Et vous auez beau dire, ie ne me garderay pour homme viuant, d'aller & de iour & de nuict, aux maisons des Euesques, en tout bien & tout honneur, & pour le deuoir que i'ay à nostre mere saincte eglise: & aussi ie receuray en ma maison toutes gens d'eglise, pour consulter & aduiser les moyens de faire mourir ces malheureux Lutheriens. Le seigneur de Beau-ieu ne fit plus conte des propos de ceste damoiselle: aussi tous les assistens la mespriserẽt: & estoyent faschez de ses fols propos. Toutesfois il y eut vn ieune gentil-homme, qui en se gaudissant dit ainsi, Il faut bien, ma damoiselle, que ces meschans gens, ausquels vous voulez mal mortel, vous ayent fait quelque grand desplaisir. Et la damoiselle dit, Ie pourroye bien faire serment, que de ces miserables gens, ie n'en cognoy pas vn, & n'en vy onques vn, que ie sache: & aimeroye mieux rencõtrer dix diables, qu'vn de ces mechãs. Car leurs propos sont tãt detestables, que bien-heureux sont ceux qui n'en ont iamais ouy parler. Et fu bien mal aduisée, quãd par curiosité, voyãt que monsieur l'Euesque d'Aix estoit tant fasché & troublé, qu'il perdoit le boire & le manger, le priay & contraigni à me dire la cause de sa fascherie: lors il me declaira vne partie de cest affaire: assauoir, qu'il y auoit par le monde vne maniere de gens heretiques, parlans contre nostre mere saincte eglise. Apres tels propos friuolles, il y eut grand trouble & debat, & plusieurs menaces: qui seroyent trop longues à descrire. Dont le President Chassanée, & les Conseilliers se departirent, & les gentils hommes s'en allerent d'autre part. Et dessors l'Archeuesque d'Arles & l'Euesque d'Aix, aucuns Abbez & Prieurs, le Preuost, & anciẽs chanoines d'Aix, s'assemblerent, pour consulter les vns auec les autres de cest affaire. Et en leur assemblée on conclud & arresta, d'auoir en singuliere recommandation, tant en general, qu'vn chacun en particulier, & cercher tous les moyens de faire executer ledit Arrest de Merindol: & susciter diligemment nouuelle persecution, & plus grande que celle du Iacopin Iean de Roma: dont cy apres est fait mẽtion. Autrement (disoyent

ſoyent-ils) c'eſt fait de noſtre eſtat, & vn chacun ſe voudra meſler de nous reprendre, & ſe moquer de nous. Or ce ſeroit peu de faict, ſi perſonne ne s'eſleuoit contre nous, ſinon ceux de Merindol, & ſemblables paiſans. Mais c'eſt merueilles, que pluſieurs docteurs en Theologie, & gens de religion, auſsi aucuns des Conſeilliers & Aduocats des Cours ſouueraines, & autres gens de ſauoir, & encore (ſi on l'oſe dire) la plus part de la nobleſſe, voire iuſques au plus grãd degré, cõmencẽt tous à nous deſpriſer, & ne nous tiennent point pour vrais paſteurs de l'egliſe. Que ſi nous n'y pouruoyons ſoudainemẽt, il n'y a pas ſeulement danger de perdre nos benefices, & eſtre dechaſſez : mais auſsi y a danger pour tout l'ordre eccleſiaſtique. Parquoy, en ceſt affaire, il eſt bien beſoin de prouidence & diligence. Et l'Archeueſque d'Arles, ſuyuant ſes fineſſes naturelles d'Eſpagne, opina comme s'enſuit. Il nous faut, dit-il, bien garder d'entreprendre aucune choſe contre la nobleſſe: mais par tous moyens l'entretenir : car c'eſt noſtre bras, & noſtre protection. Parquoy, combien que nous ſachions, que pluſieurs gentils-hommes parlent contre nous, & que nous ſoyons aſſeurez, qu'ils ſont de ces nouueaux Euangeliſtes: toutesfois il nous faut donner garde de diſputer ne contredire à tels perſonnages, de les blaſmer, & encores moins de les accuſer : mais pluſtoſt les faut adoucir par presens & par dons, & les tenir tousiours de nostre part, & pour nos patrons. Car c'est chose certaine, que si nous entreprenons contre la Noblesse, que finalement les iuges seculiers en auront la cognoissance: & nous n'y gagnerons rien, comme desia nous auons assez experimenté. C'est tresbien dit, dit l'Euesque d'Aix: mais ie vous declareray vn grãd secret, pour remedier à tout cela. Il faut battre le chiẽ deuant le lion, & faut que nous employõs tout nostre bien, & tous nos amis, pour faire telle tuerie de ceux de Merindol, & semblables paisans, qu'il n'y ait hõme, de quelque estat qu'il soit, fust-il bien du sang royal, qui puis apres ose ouurir la bouche, pour parler cõtre nous, ou contre nostre estat. Et pour paruenir à ces fins, nous n'auons meilleur moyẽ, que de nous retirer en la ville d'Auignon: ou nous trouuerons plusieurs Euesques & Abbez, & plusieurs autres grãs personnages ecclesiastiques, qui ne faudrõt à s'employer auec nous, pour maintenir nostre mere saincte eglise. Ce conseil a esté approuué de tous, dõt lesdits, l'Archeuesque d'Arles & l'Euesque d'Aix, & autres, allerent hastiuement en Auignon: & là estans arriuez, proposerent d'assembler incontinent les Euesques, & autres personnages d'autorité & de credit, pour traiter de cest affaire. Or en ce parlement secret, l'Euesque d'Aix, homme grand zelateur des traditions de ses peres,

eut

eut charge de faire la harengue: & proposa cõme s'ensuit, Vous sauez, hommes peres & freres, que grande tempeste de vent s'esleue contre la nacelle de Iesus Christ, & que les ondes esmeues se iettent tellement dedans, que la nacelle est quasi remplie d'eau : & peu s'en faut qu'elle ne perisse. Le tourbillon vient d'Aquilon, dont la tourmente est grande : les torrens viennent de toutes pars, & les vens soufflẽt & heurtẽt cõtre nostre maisõ, à nostre grãd dõmage & perte. Car les offrandes cessent, les pelerinages & deuotions se refroidissent, la charité est quasi gelée enuers nous: & (qui pis est) nostre autorité est fort abbaissée, nostre iurisdiction est abatue, & les ordonnances de l'eglise mesprisées. Or nous sommes constituez & ordonnez sur les peuples & sur les royaumes, pour arracher & destruire, pour perdre & subuertir. Parquoy vn chacun de nous se resueille à bon esciẽt, & vsons de nostre autorité, pour perdre & destruire tous ces meschans Lutheriens, ces renars qui degastent la vigne du Seigneur, & ces balaines qui s'efforcent d'enfonser la nacelle du Fils de Dieu. Or nous auons desia cõmencé, & auons procuré de faire bailler vn Arrest espouantable contre ces malheureux Lutheriens de Merindol: & ne reste plus que de le faire executer. Parquoy employons nous de nostre pouuoir, à fin qu'il n'aduienne aucun empeschement: & aduisons biẽ que noſtre or & noſtre argent ne teſmoignent contre nous au iour du iugement, ſi nous l'eſpargnons à faire ce beau ſacrifice à Dieu. Et de ma part, i'offre & promets de ſoudoyer de mō argent propre, cent hommes bien equippez & bien en ordre : & ce iuſqu'à ce que la deſtruction de ces miſerables ſoit faite. Et ce propos pleut quaſi à toute la compagnie. Toutesfois vn docteur en Theologie, de l'ordre des Iacopins, nommé Baſsinet, opina comme s'enſuit, Nous deuons bien aduiſer, dit-il, en ceſt affaire, & ne faire rien à la vollée. Car ſi nous faiſons mourir ces poures gens à tort, & que le Roy & les Princes s'en apperçoiuēt, nous ſommes en danger qu'on ne nous face comme aux preſtres de Baal. Et ſuis contreint de vous declairer (mais c'eſt en confeſsion ſeulemēt) que i'ay ſigné bien legerement pluſieurs procez, de ceux qui ont eſté accuſez d'eſtre heretiques: toutesfois, ie puis dire vrayemēt deuant Dieu, qui nous voit, & cognoit nos cœurs, que ie n'ay point eu de repos en ma conſciēce, depuis que i'ay veu l'effect de mes ſignatures : aſſauoir, que les Iuges ſeculiers, à mon rapport & iugement, & des autres docteurs mes ſemblables, ont condamné à mort cruelle, ceux que nous auōs iugé eſtre heretiques. Et la cauſe pourquoy ie ſuis ainſi troublé en moymeſme, c'eſt que depuis quelque temps ença, ie me ſuis adonné à regarder de pres les ſainctes Eſcri-

Eſcritures, & ay trouué que la plus part des propos, que maintiennent ceux qu'on appele Lutheriens, ſont tant conformes à l'Eſcriture ſaincte, que de ma part ie n'y puis plus contredire, ſinon que ie vueille malicieuſement repugner aux ſainctes ordonnãces de Dieu. Toutesfois, pour maintenir l'honneur de noſtre mere ſaincte egliſe, & de noſtre ſainct pere le Pape, & de noſtre ordre, ie me ſuis iuſques à maintenant accordé auec les autres docteurs, tant par ignorance, que pour complaire & me renger à la bonne volonté des Eueſques, & de leurs grans Vicaires. Or à preſent il me ſemble, qu'il ne faut plus proceder en ceſte matiere, comme nous auons fait le temps paſſé: mais il ſuffira de condamner à certaines amendes pecuniaires: ou bien de bannir ceux qui parleront trop hardiment & legerement contre noſtre mere ſaincte egliſe, & contre les ordonnances de noſtre ſainct pere le Pape. Et quant à ceux qui ſeront cõueincus manifeſtement par les ſainctes Eſcritures, eſtre blaſphemateurs & heretiques obſtinez, tels pourront eſtre condãnez à mort, ou perpetuelle priſon, ſelon l'enormité de leurs erreurs: & vous prie de prendre mon aduis à la bonne part. Et comme le docteur Baſsinet eut acheué ſon propos, toute la compagnie fut offenſée, & murmurerent quaſi tous contre luy. Et l'Eueſque d'Aix eſleuãt ſa voix par deſſus to⁹ les autres, luy dit,

O homme de petite foy, pourquoy as tu douté? Ha, ha, nostre maistre, vous repentez vous d'auoir bien fait? Vous auez icy dit des propos, qui sentent les fagots & le souffre. Et faites vous difference des heresies & blasphemes dites & maintenues contre la saincte Escriture, & des opinions contraires à nostre mere saincte eglise, ou à nostre S. pere le Pape, vray dieu en terre? Vous estes maistre en Israel: & doutez vous de cecy? Et l'Archeuesque d'Arles dit, Nostre maistre, sauroit-on mieux parler de la nacelle de Iesus Christ, qu'a fait mõsieur d'Aix? Et le docteur Bassinet respondit, Il est vray que la harengue & le propos de monsieur le reuerend Euesque d'Aix, conuiẽt bien à nostre estat, & pour reprendre les abus & heresies du temps present. Quand donc i'ay ouy parler de la nacelle de Iesus Christ, il m'est souuenu premierenent du grand Sacrificateur de Ierusalem, & des Prestres & Docteurs de la Loy, auec les Scribes & Pharisiés, qui ont quelque temps eu le gouuernement de ceste nacelle, estans ordonnez pasteurs en l'eglise de Dieu: mais pource qu'en delaissant les commandemens de Dieu, ils luy ont voulu seruir par ordonnances & traditions des hõmes, le Seigneur n'a point prins plaisir à tels ouuriers hypocrites: & a destruit ces meschans. Et ayant compassion des hommes, qui estoyẽt comme brebis n'ayãs point de pasteur: il a enuoyé

uoyé des ouuriers en ſa moiſſon, & des laboureurs en ſa vigne, pour rendre vrais fruicts en la ſaiſon: & des peſcheurs diligens, pour peſcher les hommes. Secondement, en oyant la harengue de monſieur le reuerend Eueſque d'Aix, ie me ſuis aduiſé de ce que le ſainct Apoſtre dit, en la premiere Epiſtre à Timothée, au 4. chap. Qu'és derniers temps aucuns defaudrõt de la foy, s'amuſans aux eſprits abuſeurs, & aux doctrines des diables. Et l'Apoſtre baille la marque, par laquelle on les cognoiſtra. Et auſsi noſtre Seigneur Ieſus Chriſt dit au ſeptieme de ſaĩct Matthieu, Que les faux prophetes, qui viennent en habit de brebis, & par dedans ſont loups rauiſſans, ſeront cogneus par leurs fruicts. Par ceſte eſpreuue, il n'eſt mal aiſé à cognoiſtre & iuger, qui ſont ceux qui taſchent d'enfondrer la nacelle de Ieſus Chriſt. Ne ſont-ce point ceux qui empliſſent la nacelle de bourbier & de fange, & d'eau infecte & puante? Ne ſont-ce point ceux qui ont delaiſſé Ieſus Chriſt, qui eſt la fontaine d'eau viue, pour ſe cauer des puits deſrompus, qui ne peuuent contenir eaux? Et vrayement ce ſont ceux qui ſe diſent le ſel de la terre, auſquels n'y a aucune ſaueur: & qui s'appelent paſteurs, & ne ſont rien moins que paſteurs. Car ils ne baillẽt point la vraye paſture, & ne couppent ne diſtribuent point le pain de la parole de Dieu. Et ſi ie l'oſoye dire, n'eſtimeroit-on pas auiourdhuy aussi grand miracle, si on voyoit vn Euesque prescher, que voir vn asne voler ? Et ceux ne sont-ils point de Dieu maudits, qui disent & se vantent d'auoir les clefs du royaume des cieux, & n'y entrent point, & ne laissent point entrer ceux qui y viennent? On les cognoistra à leurs fruicts : car ils ont delaissé foy, iugement & misericorde, & n'y a rien de blanc ne de poli en eux, que leurs habits, le roquet & surplis, & autres : mais le dedans est plein de paillardise. Il n'y a riẽ net que le dehors: mais le dedans est plein de rapine & de gourmandise. Ce sont sepulchres blanchis : lesquels apparoissent beaux par dehors: mais le dedans est plein d'ordure & de pourriture. On cognoistra ces loups rauissans par leurs fruicts, qui mangẽt les viuãs & les morts, sous ombre de longues oraisons : & puis qu'il faut dire la verité, & que vous m'appelez Maistre en Israel, ie veux maintenir par les sainctes Escritures, que ce grand pilot & patron de Pape, & ces Euesques matelots, & tous semblables batteliers, qui ont delaissé la nacelle de Iesus Christ, pour s'embarquer sur esquifs & brigantins, sont pyrates & escumeurs de mer, faux prophetes & abuseurs, & non point pasteurs de l'Eglise de Iesus Christ. Et le docteur Basſinet n'eut pas acheué ces propos, que tous ceux de l'assemblée murmurerent, & grincerent les dens contre luy. Et l'Euesque d'Aix d'Aix esleuant sa voix par dessus tous les autres, luy dit, Vuidez dehors, meschãt apostat, vous n'estes pas digne d'estre en ceste compagnie. On en a bruslé plusieurs, qui ne l'ont pas si bien merité que vous : & on voit manifestement, qu'il n'y en a point de plus fermes, ne de plus feruẽs en la foy, que les docteurs en droict canon : & faudra encores au premier concile qui se fera, qu'il soit ordonné, que nul n'ait la cognoissãce de la matiere de la religiõ, que les docteurs en droict canon. Ces besaciers, ces coquins de moines gasteront tout. Et les autres docteurs mendians reprindrent hardimẽt l'Euesque d'Aix, de l'outrage qu'il leur faisoit: & y eut grande dissension: tellemẽt que pour lors il n'y eut aucune conclusiõ. Apres disner tous ces venerables prelats tindrent conseil, ou ne furent appelez les docteurs mendians, ny autre moine, s'il n'estoit Abbé. Et à la parfin ils firent complot auec serment, de s'employer à faire executer ledit Arrest de Merindol: offrãs tous sans cõtredit, de soudoyer gẽs de guerre, vn chacun selon sa puissance : baillant aussi charge à l'Euesque d'Aix, & au Preuost des chanoines, de solliciter ces affaires à communs fraix : & de persuader par tous moyens au President & Conseilliers de la Cour, de ne craindre de faire executer ledit Arrest, auec tabourins & enseignes deployées, & artillerie: le tout en bon equippage. Ceste conspiration conclue & arreſtée, l'Eueſque d'Aix s'en partit incontinent d'Auignon, pour aller à Aix faire diligemment le deuoir de la charge qui luy auoit eſté donnée. Toutesfois on le pria d'aſsiſter à vn grand banquet, qui ſe deuoit faire le lendemain de ce concile, en la maiſon de l'Eueſque de Rieux. Et en ce feſtin, les dames d'Auignon, les plus belles & plus renommées furent inuitées, pour rafraichir ces bons prelats de tant de peines & trauaux qu'ils prennent, pour maintenir noſtre mere ſaincte egliſe. Et apres auoir diſné, danſé & ioué à la maniere accouſtumée, les reuerends s'en allerent pourmener, en attendant le ſoupper. Or comme ils paſſoyent par la rue des changes, menans chacun vn damoiſelle par deſſous le bras, ils virent vn vendeur d'images deshonneſtes, auec les dictons de meſme, pour eſmouuoir & eſchauffer les gens à paillardiſe. Toutes ces belles images furent achettées par les Eueſques: & y en auoit bien la charge d'vn mulet. Et s'il y auoit quelque enigme ou choſe difficile à entẽdre és dictons deſdites peintures, le tout eſtoit expoſé ioyeuſemẽt & promptement par ces ſcientifiques prelats. Auſsi en ceſte place des changes, auoit vn Libraire paſſant, qui auoit expoſé en vente des Bibles en Latin & en Francois: & n'auoit autres liures. Et les prelats le regardans, furent esbahis, & luy dirent, Qui t'a fait ſi hardi, de deſployer

ceſte

ceste marchandise en ceste ville ? Ne sais-tu pas que tels liures sont defendus? Et le Libraire respondit, La saincte Bible n'est elle pas aussi bonne pour le moins, que ces belles images & peintures, que vous auez achetées à ces damoiselles? Il n'eut pas acheué ceste parole, que l'Euesque d'Aix dit, Ie renonce ma part de paradis, s'il n'est Lutherien. Sus, sus, qu'il soit empoigné. Et ce Libraire fut mené incontinent en prison, & bien rudement. Car pour faire plaisir aux prelats, vne bende de ruffiens & de brigandeaux, qui les accompagnoyent, commencerent à crier, Au Lutherien, au Lutherien: au feu, au feu. Et l'vn luy bailloit vn coup de poing, l'autre le tiroit par les cheueux, l'autre luy arrachoit la barbe: tellement que le poure hõme estoit tout plein de sang, deuant que d'arriuer en la prison. Or le lendemain il fut amené deuant les Iuges, en la presence des Euesques: & fut interrogué comme s'ensuit,

N'as-tu pas exposé en vente ces Bibles & nouueau Testament en François? Respond le poure prisonnier, qu'ouy. Interrogué, s'il ne sait pas bien, que par toute la Chrestienté defenses sont faites de n'imprimer ne vendre la Bible, en autre langage qu'en Latin. Respõd, qu'il sait tout le contraire: & qu'il a vendu plusieurs Bibles en François auec preuilege de l'Empereur: & aussi d'autres imprimées à

Lyon, & des nouueaux Testamẽs imprimez auec preuilege du Roy. Aussi disoit-il, qu'il ne sauoit nation en la Chrestienté, qui n'eust la saincte Escriture en langage vulgaire. Et apres le prisonnier dit en grande hardiesse, Vous qui habitez en Auignon, estes-vous tous seuls de toute la Chrestiẽté, qui auez en horreur le Testament du Pere celeste? Et pourquoy ne voules vous permettre, que l'instrument & les lettres authẽtiques de l'alliãce de Dieu, soyẽt par tout publiées & entendues? Voulez-vous defendre & cacher ce que Iesus Christ commande de reueler & publier? Ne sauez-vous point que nostre Seigneur Iesus Christ a baillé puissance à ses saincts Apostres de parler toutes langues: à fin qu'en tout lãgage le sainct Euangile fust enseigné à toute creature? Et que ne defendez-vous les liures & les peintures, qui sont pleines de paroles deshonnestes, & mesmes de blasphemes, pour inciter les hommes à paillardises, & à mespriser Dieu? Quelle outrecuidance pourroit estre plus grande, que de defendre les saincts liures de Dieu, qui sont propres pour enseigner les poures ignorans, & ramener au bon chemin les poures esgarez? Quelle cruauté, de vouloir oster aux poures ames leur nourriture? Or vous en rendrez conte, mesieurs les prelats, qui dites que la chose douce est amere, & l'autre est douce: qui maintenez les liures & peintures

tures abominables, & reiettez la chose saincte. Et l'Euesque d'Aix, & les autres prelats, creuoyent en leurs cœurs, & grinçoyent les dens contre ce poure prisonnier. Or ils commencerent à s'escrier, Qu'auez plus besoin de l'interroguer? Il le faut enuoyer tout droit au feu, sans plus de paroles. Et le iuge Laber, & quelques autres n'estoyent point de cest aduis, & ne trouuoyent point cause assez suffisante, pour faire mourir ce Libraire : & cerchoyent de luy faire faire amende honorable: & de luy faire recognoistre l'Euesque d'Aix, & les autres de sa cópagnie, pour vrais pasteurs de l'Eglise de Iesus Christ. Mais le Libraire respondit, qu'il ne pouuoit faire cela en bõne consciẽce: d'autãt qu'il voyoit que ces Euesques maintenoyent les liures abominables, & les peintures deshõnestes, & qu'ils reiettoyent les liures saincts: & pource qu'il les estimoit plustost sacrificateurs de Bacchus & de Venus, que vrais Pasteurs de l'Eglise de Iesus Christ. Et incontinent apres ces propos, fut cõdamné à estre bruslé: & la sentence ce iour mesme fut executée. Et pour l'enseigne de la cause de sa condamnation, il portoit deux Bibles pẽdues à son col, l'vne deuãt, l'autre derriere. Mais aussi ce poure Libraire auoit la parole de Dieu en son cœur & en sa bouche: & ne cessa par le chemin, & au lieu du supplice, d'exhorter & admõnester tout le peuple, de lire la saĩcte Escriture: tellement que plusieurs furent esmeus à s'enquerir de la verité. Et les prelats voyans qu'il y auoit grande dissension entre le peuple d'Auignon, & que plusieurs murmuroyēt de la mort de ce Libraire, comme ayant esté iniustement condamné: & encores plus du deshonneur & mespris qu'on auoit tasché à faire aux saincts liures du Testamēt de Dieu, voulans mettre crainte & frayeur au peuple, poursuyuirēt de faire crier le lendemain à son de trompe, par toute la ville & comté de Venisse, que tous ceux qui auroyent liures en François, traitās de la saincte Escriture, qu'ils les eussent à apporter & mettre entre les mains des Commissaires nommez: autrement, tous ceux chez lesquels ils seroyent trouuez, seroyent mis à mort. Or apres que lesdits prelats eurent mis ordre pour dresser grande persecution en Auignon, & au comté de Venisse, l'Euesque d'Aix s'en retourna, pour poursuyure l'execution de l'Arrest de Merindol. Et incontinent qu'il fut arriué à Aix, il alla trouuer le President Chassanée, auquel il communiqua toute l'entreprinse qui auoit esté faite en Auignon. Aussi luy declaira la bonne volonté des prelats d'Auignon & de Prouence, & l'affection qu'ils auoyēt de luy faire plaisir, & aux siens, s'il mettoit à execution l'Arrest de Merindol. Et apres plusieurs belles & grandes promesses faites par l'Euesque d'Aix, le le President Chassanée luy respondit, que ce n'est pas petite entreprinse, que d'executer l'Arrest de Merindol: aussi que ledit Arrest auoit esté donné plus pour tenir en crainte les Lutheriens, qui estoyent en grād nombre par la Prouence, que pour executer de faict le con tenu audit Arrest. Lors l'Euesque d'Aix dit au President, Ie cognoy bien que les gentils-hommes de Prouence, qui estoyent au banquet, vous ont gagné, ou pour le moins esbran lé. Et le President dit, L'Arrest de Merindol n'est pas diffinitif, à parler proprement, & les loix & ordonnances du royaume ne permettēt pas l'executiō, sans autres procedures. L'E uesque luy dit, S'il y a loy ou ordonnance qui vous retarde ou empesche, nous portons la di spense en nostre manche. Le Presidēt luy dit, Ce seroit grand peché, de respādre le sang innocent. L'Euesque luy dit, Le sang de ceux de Merindol soit sur nous, & sur nos successeurs. Le President luy dit, Ie ne doute point, que si l'Arrest de Merindol est executé, que le Roy ne soit mal content, de faire vne telle destruction de ses subiets. L'Euesque luy dit, Si le le Roy, de primsaut le trouuoit mauuais, nous luy ferons bien trouuer bon auec le temps. Et dauantage, nous auons les Cardinaux pour nous: & mesmement, le reuerendissime Cardi nal de Tournon: lequel prendra la cause pour nous: & ne luy pourroit-on faire chose plus agreable, que d'exterminer les Lutheriens. Et ſi nous auons beſoin de ſon conſeil & aide, nous en fournirons bien. Et n'eſt-il point le principal, & le plus excellent, & le plus prudẽt perſecuteur des Lutheriens, qui ſoit en la Chreſtienté? Par tels & ſemblables propos, l'Eueſque d'Aix perſuada aux Preſidens & Conſeilliers de la Cour de Parlement, de promettre de faire executer ledit Arreſt de Merindol. Et par ce moyẽ, de l'autorité de ladite Cour, le tabourin ſonna par toute la Prouẽce.

Les Capitaines furent ordonnez, & auec enſeignes deſployées grand nombre de gens à pied & à cheual commencerẽt à ſortir d'Aix, & marcher en forme d'armes bien equippez contre Merindol, pour executer ledit Arreſt. Dont leſdits de Merindol eſtans bien aduertis de ladite aſſemblée, de l'armée, & de l'entreprinſe, qui eſtoit d'executer ledit Arreſt, ne ſeurent faire autre choſe, que de plorer & lamenter auec grans cris, recommandans en prieres leurs cauſes au Seigneur Dieu: n'ayans autre moyen ne conſeil, que de s'appreſter pour eſtre meurtris, comme brebis menées à la boucherie. Leſdits de Merindol eſtans en ces gemiſſemens & deſtreſſes, en pleurs amers, le pere auec le fils, la fille auec la mere, la femme auec le mari: ſoudainement leur fut annoncé, que ladite armée s'eſtoit retirée, ſans que pour lors on euſt peu ſauoir par quel moyen.

Tou-

Toutesfois, depuis on a entendu que le seigneur d'Alenc, homme ſauant aux ſainctes Eſcritures, & en droict ciuil, eſmeu de grand zele de iuſtice, remonſtra lors vertueuſement au Preſident Chaſſanée, qu'il ne falloit ainſi proceder contre les habitans de Merindol, par voye de faict & de force, contre toute forme & ordre de iuſtice, ſans iugement ne condamnation, & ſans diſtinction des coulpables & innocens. Et dit dauantage, Ie deſireroye, monſieur le Preſident, que vous euſsiez ſouuenance du conſeil que vous auez eſcrit en voſtre liure, intitulé *Catalogus gloriæ mundi:* auquel conſeil & liure vous auez traité & deduit les procedures qui ont eſté faites contre les Rats, par les officiers de la Cour & iuriſdiction de l'Eueſque d'Authun. Comme ainſi fuſt que quaſi par tout le bailliage de Lauſſois, il y euſt grande multitude de Rats, qui degaſtoyent & mangeoyent les blez de tout le pais: il fut aduiſe, qu'on enuoyeroit gens par deuers l'Official d'Authun, pour faire excommunier leſdits Rats. Surquoy fut ordonné par ledit Official, ayant ouy le pleintif du Procureur fiſcal, que deuant que proceder à l'excommunication, il falloit monition ſelon l'ordre de iuſtice. A ceſte cauſe ordonna, qu'à ſon de trompe & cri public, fait par tous les quarrefours de la ville d'Authun, leſdits Rats ſeront citez à trois brief iours: &

ou ils ne comparoiſtront, ſera procedé, &c. Les trois iours paſſez, le Procureur fiſcal ſe preſenta contre leſdits Rats : & par faute de comparoiſſãce obtint defaut: en vertu duquel demãdoit qu'il fuſt procedé à l'excommunication. Surquoy fut cognu iudicialement, qu'auſdits Rats abſens ſeroit pourueu d'aduocat, pour ouir les defenſes, &c. attendu qu'il eſtoit queſtion de la totale deſtruction & exterminatiõ deſdits Rats. Et vous, monſieur le Preſident, qui pour lors eſtiez Aduocat du Roy à Authun, fuſtes commis aduocat, pour defendre leſdits Rats. Et ayãt accepté la charge, en plaidant la matiere, fut par vous remonſtré la citation eſtre nulle, pour les raiſons par vous alleguées, &c. Dont fut cognu, que leſdits Rats derechef ſeroyent citez au proſne, par toutes les parroiſſes ou ils eſtoyent, &c. Or apres les citations deuément faites, le Procureur fiſcal ſe preſenta comme deſſus, &c. Et par vous, monſieur le Preſident, fut allegué, que le terme donné auſdits Rats pour comparoiſtre, eſtoit trop bref. Et dauantage, qu'il y auoit tant de chats aux villages, que leſdits Rats auoyent iuſte cauſe d'abſence, &c. Parquoy il ne faut ainſi proceder vainement & legerement contre leſdits Rats : mais il faut regarder les ſainctes Eſcritures, & là on trouuera comme on ſe doit gouuerner en ceſt affaire. Et par vous, monſieur le Preſident, furent alleguez plu-

ſieurs

ſieurs paſſages des ſainctes Eſcritures: comme bien amplement auez traité en voſtre liure, dit, *Catalogus gloriæ mundi*. Et par tel plaidoyé d'vne matiere, qui ſembloit eſtre de petite importance, euſtes grand bruit & grand honneur, pour auoir dextrement remonſtré la maniere, par laquelle les Iuges doyuent proceder grauement en matiere criminelle. Or maintenãt, monſieur le Preſident, qui auez enſeigné les autres, ne voulez-vous point prendre doctrine par voſtre liure meſme, qui vous condamnera manifeſtement, ſi vous procedez plus auant, en la deſtruction de ces poures gens de Merindol? Et ne ſont-ils point hommes Chreſtiens? Ne valent-ils pas biẽ, qu'on leur garde autant de droict & equité, que vous auez fait garder aux Rats? Et par telles remonſtrances, le Preſident fut fort eſmeu: & incontinent reuoqua la commiſſion, qui auoit eſté donnée: & fit retirer la gendarmerie, qui approchoit deſia de Merĩdol, enuirõ d'vne lieue & demie. Dont leſdits de Merindol voyans que la gendarmerie ſe retiroit, rendirent graces à Dieu: ſe conſolant les vns les autres, & s'admonneſtant enſemble, d'auoir touſiours la crainte de Dieu deuãt les yeux, obeiſſant à ſes saincts cõmãdemẽs, & s'aſſuietiſſant du tout à ſa ſaincte volonté: vn chacun ſe ſubmettant à ſa prouidence, attendant patiemment l'eſperance des bien-heureux: aſſauoir, la vraye vie, & les biẽs eternels : ayant tousiours pour exemple, nostre Seigneur Iesus Christ, vray Fils de Dieu, lequel est entré en sa gloire par plusieurs tribulations. Par tels & semblables propos, lesdits de Merindol s'apprestoyent d'endurer toutes les afflictions, qu'il plairoit à Dieu leur enuoyer : & aussi telle estoit leur responſe à tout homme, qui auoit pitié de leur destruction, ou bien à ceux mesmes, qui taschoyent de les ruiner. Dont le bruit fut plus grand, tant dudit Arrest, que de l'entreprinse de l'execution, qu'aussi de la patience & constance desdits de Merindol : tellement qu'il y auoit peu de gens en France, qui fussent curieux d'ouir choses nouuelles, qui ne fussent aduertis de tout ce que dit est. Et mesme ceste cause fut estimée de si grande importance, qu'elle ne fut pas cachée au Roy François dernieremēt decedé, Roy de grand esprit & grand iugement : lequel mãda à feu noble & vertueux seigneur, monsieur de Langeay, qui pour lors estoit son Lieutenant à Thurin, qu'il eust à s'enquerir diligemment & au vray de tout cest affaire. Surquoy ledit seigneur de Langeay enuoya en Prouence deux personnages, gens de bien & dignes de foy : ausquels il donna charge de luy apporter le double dudit Arrest, & de s enquerir de tout ce qui s'en estoit ensuyui. Et semblablemeut de la vie & mœurs desdits de Merindol, & autres persecutez au pais de Prouence.

uence. Et par les deux deputez, le double dudit Arreſt fut apporté audit ſeigneur de Langeay, auſsi de tout ce qui s'en eſtoit enſuyui: & luy furent declairées les iniuſtices, pilleries, extorſions & exactions, tyrannies & cruautez, dont vſoyent iournellement les Iuges, tant eccleſiaſtiques que ſeculiers, à l'encontre deſdits de Merindol, & autres. Et quant à la vie & mœurs deſdits perſecutez, ont rapporté, que la plus part de ceux du pais de Prouence afferment, que leſdits perſecutez eſtoyent gens de grand trauail: & que depuis enuiron deux cens ans (comme lon dit) ils s'eſtoyent retirez du pais de Piedmont, pour habiter en la Prouence: & auoyent prins à tiltre d'Amphiteoſe & hebergement, pluſieurs hameaux deſtruits par guerre, & autres lieux deſerts & en friche: & que tant bien auoyent trauaillé, qu'és lieux qu'ils habitoyent, y auoit abondance de blez, vins, huiles, miel, amandes, & grand beſtail: dont tout le pais & les eſtrangers eſtoyent ſubuenus & ſoulagez. Et meſme qu'auparauant qu'ils vinſent habiter audit pais, le lieu de Merindol n'eſtoit point amodié plus de quatre eſcus: combien que deuant la deſtruction dernierement faite, ils bailloyent d'amodiation au ſeigneur tous les ans plus de trois cens cinquante eſcus, ſans les autres charges. Et ainſi dit-on de Lormarin & pluſieurs autres lieux de Prouence: auſquels lieux n'eſtoyent que brigandages, deuant que les ſuſdits vinſét y habiter: & n'y oſoit-on paſſer qu'à grand danger. Auſsi affermoyent ceux du pais de Prouence, que leſdits de Merindol & autres perſecutez, eſtoyent gens paiſibles, aimez de tous leurs voiſins, & gens de bonnes mœurs, gardans bien leurs promeſſes: en payant bien leurs dettes, ſans ſe faire plaidoyer ne tracaſſer. Auſsi ils eſtoyent gens charitables, faiſans aumoſnes: & ne permettoyent point qu'aucun d'entre eux euſt neceſsité. Et auſsi faiſoyent aumoſnes aux eſtrangers, & aux poures paſſans, les hebergeans & nourriſſans, & leur ſubuenans en toutes leurs neceſsitez ſelon leur pouuoir. Toutesfois, ceux du pais de Prouence afferment, que ceux de Merindol & autres perſecutez, eſtoyent cognus entre les autres du pais de Prouence, pource qu'on ne les pouuoit induire à blaſphemer, ou nommer le diable, ny aucunement iurer: ſi n'eſtoit en iugement, ou faiſant paches ſolennelles. Auſſi on les cognoiſſoit, pource qu'on ne les pouuoit inciter à parler de propos deshonneſtes: que meſmes quand en quelque compagnie on tenoit propos laſcifs, ou blaſphemes contre l'honneur de Dieu, ils ſe departoyent incontinent de telle compagnie. Il eſt bien vray (cōme afferment ceux de Prouence) que leſdits de Merindol, & autres perſecutez, quand ils alloyent par les marchez, ou par les villes, on ne

les

les voyoit gueres aller au mouſtier : ou s'ils y alloyent, ils faiſoyent leurs prieres ſans regarder les images, auſquelles ne portoyent point de chandelles, & ne les baiſoyent: & auſſi n'adoroyēt point les reliques des Saincts & Sainctes, & ne les daignoyent regarder. Et dauantage, quand par les chemins paſſoyent par deuant les croix ou images, ne leur faiſoyent aucune reuerēce. Auſsi les preſtres atteſtoyēt, qu'ils ne leur faiſoyent dire aucune Meſſe, ne Libera me, ne De profūdis: & qu'ils ne prenoyēt point d'eau beniſte: & meſme, ſi on leur en bailloit par les maiſons, qu'ils ne diſoyent pas grand merci: & voyoit-on bien, qu'ils n'en ſauoyēt point de gré à ceux qui leur en bailloyēt. Et dauātage, on ne les voyoit point aller aux vaugues, ny en pelerinages, ne gagner les pardōs, quelques beaux qu'ils fuſſent, ne pour grand marché qu'on les baillaſt. Et auſsi quād il tonnoit, ils ne faiſoyent point le ſigne de la croix: mais ſeulemēt regardoyēt au ciel, en ſouſpirant: & aucūs s'agenouilloyēt, & prioyent, ſans ſe ſigner, ne prendre eau beniſte. Auſsi on ne leur voyoit rien mettre aux baſsins, pour les luminaires & confreries. Et bref, on ne leur voyoit faire aucune offrande, ne pour les viuans, ne pour les morts. Il eſt bien vray, que s'ils voyoyent quelque poure en neceſsité, qu'ils luy ſubuenoyent & ſecouroyent amiablement, & ſelon leur pouuoir. Voila ce qui a esté rapporté audit seigneur de Langeay, de la vie & mœurs de ceux de Merindol, & autres persecutez : & aussi de l'Arrest, & de ce qui s'en est ensuyui. Et de toutes ces choses, ledit seigneur de Langeay, suiuant la charge qui luy auoit esté baillée, en aduertit le feu Roy de bonne memoire : lequel ayant tout entendu, comme bon Prince, par clemence & misericorde enuoya lettres de grace & de pardon, non seulement pour les condamnez par defauts & contumaces: mais aussi pour tous autres du pais de Prouence, accusez & souspeçonnez de semblables cas: mandant & cõman dant expressement audit Parlement, que doresenauant ils n'eussent en tel cas à proceder si rigoreusement qu'ils auoyent fait par le passé. Ains que s'il se trouuoit aucun, qu'on peust faire apparoir par bonnes & suffisantes informations, qui par ignorance, ou par seduction d'aucun malin esprit, se fust foruoyé de la vraye religion Chrestienne, qu'à tel fussent faites bonnes remonstrances par la parole de Dieu, tant du vieil que du nouueau Testament: & ainsi par douceur & par le glaiue de la parole de Dieu, le reduire au troupeau de l'Eglise de Iesus Christ : declairant ainsi, que le vouloir dudit Sieur est, que tous ceux qui seront cõueincus d'heresie, à la maniere que dit est, qu'iceux abiurent. Defendant à toute personne, de quelque estat & cõdition qu'il soit,

qu'i

qu'il n'ait par autre moyen à attenter aucune chose contre lesdits de Merindol & autres persecutez, ne les molester en leurs personnes ou biens: reuoquant & annullant toutes sentences & condamnations, de quelque Iuge que ce soit: & commandant eslargir tous prisonniers, accusez ou souspeçonnez d'estre Lutheriens. Lesdites lettres ont esté celées par quelque temps: & en fin ont esté signifiées à certains prisonniers, qui estoyent detenus prisonniers aux prisons d'Aix: ausquels on a demandé s'ils se vouloyent aider desdites lettres, lesquelles leur seroyent communiquées, en payant chacun vn escu sol pour la coppie d'icelles. Et par ce moyen les prisonniers ont esté eslargis, en payant les despens, & promettant de se presenter à la Cour, toutes fois qu'ils seront demandez. Le Greffier & autres estoyent bien ioyeux desdites lettres: car il leur en reuenoit grand profit, & esperoyent qu'il en faudroit expedier quatre ou cinq mille doubles, qui seroyent quatre ou cinq mille escus. Pour la premiere entrée lesdits de Merindol entendirent, que le vouloir du Roy estoit, que lesdites lettres fussent publiées par toutes les villes & villages du pais de Prouence. Parquoy firent requeste à ladite Cour, de faire publier lesdites lettres, ainsi qu'il leur estoit mandé: & aussi en demanderent vn double, remonstrans l'iniuste exaction, & qu'il n'estoit besoin, ne selon l'intention du Roy, que tous ceux qui estoyent accusez ou souspeçonnez d'estre Lutheriens, fussent contreints à prendre chacun vn double desdites lettres, attendu l'enorme & iniuste exactiõ, de les vouloir contreindre à payer chacun vn escu, &c. Surquoy fut ordonné par ladite Cour, que lesdites lettres seroyent publiées par toutes les villes & villages, & que nul ne seroit cõtreint d'en prendre vn double. Aussi que ceux qui en voudroyent, ne payeroyent que cinq sols pour la copie : commandant de rendre le surplus à ceux qui en auroyent payé dauantage. Ordonnãt au surplus, que tous ceux, tant hõmes que femmes qu'enfans, de toutes les villes ou villages, qui seroyent souspeçonnez d'estre Lutheriens, s'eussent à presenter par deuant ladite Cour, dedens trois mois, apres la publication desdites lettres. A ceste cause, autre requeste fut presẽtée à ladite Cour, par les deux Syndiques de Merindol, contenant que ce seroit grande fascherie & trauail, cousts & despens, s'il falloit que tous les hommes, femmes & enfans de Merindol, & des villes & villages de Prouence, se presentassent en personne par deuant les Presidens & gens du conseil de ladite Cour. Et que par telles & semblables raisons, ils supplioyent qu'ils eussent liberté de se pouuoir presẽter par procureur, excepté ceux, contre lesquels le Procureur general du Roy pren-

prendroit conclusion, & qui seroyent specialement demandez, pour respondre sur le contenu des charges & informations contre eux faites: lesquels se presenteroyent, & comparoistroyent personnellement à ladite Cour. Laquelle requeste leur fut entieremẽt accordée. Et huit iours apres, deux des habitans de Merindol, vindrent se presenter à ladite Cour, tant en leur priué nom, que cõme procureurs de tous ceux de Merindol, qui estoyent nommez & specifiez par noms & surnoms, en leur procuration, de laquelle ils faisoyent foy: requerans, qu'il pleust à la Cour, leur faire apparoir par bonnes, deues & suffisantes informations, des erreurs & heresies, dont on pretendoit qu'ils estoyent chargez & souspeçonnez: à fin d'y respondre en temps & lieu. Lesquels procureurs, au nom & en vertu que dessus, proposerent, que quand on leur feroit apparoir par bonnes & suffisantes informations, qu'ils eussent dit chose contre la vraye & pure doctrine de Dieu, qu'ils estoyent prests de volontairement & promptement faire abiuration, de tout ce qui leur seroit remonstré par la parole de Dieu, estre erreur & heresie: combien qu'ils ne pẽsent en sorte & maniere quelconque auoir esté destournez & fouruoyez du droit chemin de la foy. Toutesfois qu'ils se presentent, pour entendre de quoy ils estoyẽt accusez: & pour auoir communication des articles proposez contre eux, qu'on pretend estre heretiques. Nonobstant ladite requeste la Cour n'ayant consideré ne la teneur, ne l'intention desdites lettres du Roy, & sans auoir esgard à l'offre faite par lusdits Supplians, ordonna que ceux qui voudroyent abiurer lesdits erreurs & heresies, se peussent presenter, pour iouir de la grace du Roy: & que les autres qui ne voudroyent abiurer, seroyẽt punis comme conueincus d'heresie, sans ce qu'aucunes informations leur fussent cõmuniquées, ny autres remonstrances faites par la parole de Dieu. A ceste cause, huit iours apres ladite ordonnance, lesdits Supplians, voyans qu'elle estoit contre tout droict & raison, ont enuoyé leurs procureurs vers ladite Cour, pour presenter en leurs noms la requeste qui s'ensuit,

SVpplient humblement, François Chay, & Guillaume Armant, tãt en leurs noms, que comme procureurs des habitans de Merindol, disans, que suyuant la publication des lettres du Roy, & le contenu, que tous accusez ou suspects de secte Lutherienne ou heresie, s'ayent à presenter à ladite Cour, dedans trois mois apres ladite publication, sous les peines contenues ausdites lettres: lesdits Suppliãs, au nom que dessus, se sont presentez, pour satisfaire de leur part au vouloir du Roy, & au contenu de ses lettres, comme chose iuste & raisonnable. Et neantmoins ladite Cour, sans a-

uoir

uoir eſgard, ny à la teneur, ny à l'intention des lettres du Roy, ny à l'offre & preſentation deſdits de Merindol, qui eſtoit de mot à mot iouxte le contenu de l'ordonnance du Roy: qui en vraye iuſtice & equité, & iugement digne d'vn Roy, auoit ordonné la maniere, par laquelle leſdits de Merindol pouuoyent eſtre declairez coulpables ou innocens. Ce nonobſtant ladite Cour a fait vne ordonnance, qui eſt contraire à tout droict & equité, & en meſpris deſdites lettres du Roy, & directement cõtre le cõtenu d'icelles. C'eſt aſſauoir, que nuls ne iouirõt du benefice deſdites lettres, ſinon ceux qui promptement voudront declairer & confeſſer qu'ils ſont heretiques. Parquoy requierent inſtamment leſdits Supplians, aux noms que deſſus, qu'il plaiſe à la Cour reuoquer la predite ordonnance: & faire apparoir auſdits Supplians, par ſuffiſantes informations, des hereſies dont on pretend qu'ils ſoyent entachez: offrans tout ainſi qu'ils ont ia fait par la precedente requeſte. Et ou il ne plairoit à ladite Cour faire droict auſdits Supplians, ils proteſtẽt ſelon la forme deſdites lettres, d'en faire pleinte au Roy: & maintenir ſur leur vie, que tout ce qui eſt fait contre eux, n'eſt pour zele ny affection de religion: mais ſeulement par ambition & auarice, & pour auoir tout l'argẽt, le bien & l'heritage deſdits Supplians, & autres perſecutez:

comme il est manifesté assez par toutes les pro cedures qu'on fait contre eux: dont ils demandent le double : & mesmement la copie de la presente requeste, en forme deue : à fin qu'ils puissent faire apparoir au Roy & à son conseil du mespris de ses lettres, contenantes moyen tant equitable, pour cognoistre la verité de la presente cause: laquelle plusieurs desdits Con seilliers taschent desguiser: parce qu'ils ont pour eux, ou bien pour leurs parens, impetré par faux donner à entendre, la cõfiscation des biens de la plus part desdits Supplians & autres persecutez, deuant iugemẽt donné, à tout le moins valable: ce qui ne se peut nier. Et mesmes, encore lesdits Supplians peuuent dire vrayement & librement, qu'aucuns desdits Conseilliers & leurs parens n'auroyẽt dequoy viure, si n'estoit le bien desdits persecutez, qu'ils possedent iniustement: & pource taschẽt par tous moyens accuser, calomnier & diffamer lesdits persecutez, pour les faire du tout destruire, ou à tout le moins les faire chasser hors du pais : à ce qu'ils puissent paisiblement & sans contredit iouir desdits biens par eux rauis & tyranniquement possedez. Parquoy requierent instamment lesdits Supplians, aux noms que dessus, qu'il plaise à ladite Cour, auoir esgard à leur cause tant pitoyable, & leur faire droict, selon le contenu des lettres du Roy : qui veut & commande, que selon tout

droict

droict & raison, on face premierement apparoir par bonnes & suffisantes informations, tous les erreurs & heresies, desquelles on pretend que lesdits persecutez sont chargez. Et apres, leur remonstrer par la parole de Dieu. Et ainsi conueincus, qu'ils abiurent, & qu'ils soyent reduits au troupeau de l'Eglise, &c. La Cour a ordonné, que ladite requeste sera communiquée aux Gens du Roy, & lesdits Supplians comparoistront à la huitaine, pour entendre ce qu'il plaira à la Cour ordonner. Apres auoir ouy les Gens du Roy, en ottroyant ausdits Supplians le double de leur requeste & de leurs procedures, ce mesme iour le Presidēt maistre Barthelemi Chassanée, & autres Conseilliers, aussi les Aduocat & Procureur du Roy parlerent à part ausdits Supplians: leur remonstrant qu'il n'estoit besoin faire information des erreurs qu'ils tiennent: car vn chacun sait bien qu'ils ne viuent pas selon les ordonnances de l'eglise, & qu'ils ne font pas plus d'estime du sainct pere le Pape, que d'vn autre homme. Parquoy, il appert qu'ils sont en erreur, & ne doyuēt faire difficulté d'abiurer: & en ce faisant, qu'ils seront en paix & repos.

A quoy de la part desdits Supplians fut respondu, que combien qu'ils fussent gens non lettrez, & n'ayans esté aux escoles: toutesfois s'il plaisoit ausdits seigneurs, President & Conseilliers, qui estoyent là presens, qu'ils respondroyent & rendroyent raiſon de leur foy, & des articles ia mis en auant, & propoſez par ledit ſieur Preſident : & que ſans diſsimuler ou differer aucunement, ils en reſpondroyent ſelon leur conſcience. Et à ce fut reſpondu par ledit Preſident & Cõſeilliers, qu'ils n'auoyẽt pas charge ne commiſsion de la Cour de ce faire : mais qu'il ſeroit bon & bien conuenable, qu'à la huitaine ils baillaſſent par eſcrit leur maniere de viure, & la doctrine qu'on leur a enſeignée : & qu'ils euſſent procuratiõ de tous ceux de Merindol, pour ſpecialement declairer qu'ils ont ainſi veſcu. A quoy leſdits Supplians firent reſponſe, qu'ils feroyent ſauoir leur aduis & deliberatiõ auſdits de Merindol.

Leſdits procureurs eſtans de retour, firent entendre auſdits de Merindol tout ce qu'ils auoyent fait, & l'aduis & deliberation dudit Preſident Chaſſanée, & autres: auſsi leur monſtrerent le double de la requeſte ſignée du Greffier : dequoy leſdits de Merindol furent esbahis, d'autant qu'ils n'auoyent onques peu obtenir copies des procedures faites contre eux, ne double d'aucun acte, ne des requeſtes par eux preſentées, ne des ſentences ou Arreſts donnez contre eux : meſmes, y auoit deffẽſes faites à tous Greffiers, Notaires, Sergẽs, & tous autres officiers, de ne receuoir aucun acte, ny oppoſition, ny proteſtation, ny expedier double de leurs executions: tellement que ſur

ſur cela leur fut pourueu par lettres patentes du Roy: mandant & commandant, qu'il leur fuſt baillé double de toutes les procedures faites contre eux: à fin que ſi aucunes extorſions ou abus eſtoyent commis par les ſentences & executions d'icelles, que leſdits Supplians en peuſſent faire apparoir, pour leur ſeruir en temps & lieu. Or leſdits Supplians, ayans la copie deſdites lettres, ſignées par le Greffier de ladite Cour, auec mandement à tous Notaires & autres officiers, d'executer tous actes, &c. nonobſtant l'Arreſt de ladite Cour de Parlement, donné au contraire: lequel en ceſt endroit eſtoit reuoqué, &c. Dont leſdits de Merindol enuoyerent querir vn Notaire au lieu de Malemort: auquel declairerent, que ſuyuant l'aduis du Preſident & Conſeilliers de la Cour du Parlement de Prouence, ils vouloyent declairer à ladite Cour librement, & ſans aucune choſe diſsimuler, la doctrine laquelle leur auoit eſté enſeignée dés leur ieuneſſe, & la maniere de ſeruir à Dieu, qui leur auoit eſté apprinſe de pere à fils, voire meſme depuis l'an mille deux cẽs, apres la Natiuité de noſtre Seigneur Ieſus Chriſt: cõme touſiours ont entendu par leurs Anciens. Ledit Notaire, ayant veu les lettres du Roy, & le mandement de ladite Cour attaché auſdites lettres, commandans de receuoir tous actes, ne fit difficulté de receuoir par acte publique en bonne forme, les articles & la confession de la foy desdits de Merindol. Laquelle par leurs procureurs a esté presentée à ladite Cour, auec requeste contenante clauses en tel cas requises & necessaires, &c. Or apres ladite presentation, plusieurs ont desiré plus ample declaration de la foy desdits de Merindol. Lesquels, sachans qu'ils sont tenus d'en rendre raison à tout homme qui leur en demandera: aussi sachans que quiconque reniera Iesus Christ & la doctrine de son sainct Euangile deuant les hommes, que Iesus Christ le reniera deuāt le Pere celeste & deuant ses Anges: sachans aussi, que leurs anciens en Boheme, estans en peril de mort, auoyent fait le pareil, enuoyans le contenu de leur foy à Vladislaus Roy de Hongrie & de Boheme, qui les persecutoit l'an 1508. A ceste cause lesdits de Merindol, ont enuoyé plus amples articles au Cardinal Sadolet, pour lors Euesque de Carpentras: aussi aux Syndiques d'Auignon, & à l'Euesque de Cauaillon, & à tous ceux qui en ont demandé, tant en general qu'en particulier. Et mesme le feu Roy François de bonne memoire, voulut sauoir & entendre qu'elle estoit la doctrine, que suyuoyent lesdits de Merindol, & autres persecutez au pais de Prouence. Et deuant sa maiesté royalle, ladite confession de ceux de Merindol fut leue par son Lecteur ordinaire, nōmé Castellanus. Et apres auoir esté leue de

poinct

poinct en poinct, le Roy demanda en quel endroit on trouuoit faute, ou chose à redire en ladite confession de foy. Et nul n'osa ouurir la bouche, pour y contredire. Or icy sera descrite la confessiõ de foy desdits de Merindol: nõ seulement celle qui a esté presentée à ladite Cour du Parlement de Prouence: mais vn extraict de toutes les confessiõs, qui ont esté enuoyées tant au Cardinal Sadolet, qu'à l'Euesque de Cauaillon, & tous autres qui s'en sont voulu enquerir, & ont demandé plus ample declaration.

S'ensuit la confession des habitans de Merindol.

NOus croyons & confessons que la saincte Escriture, contenue au vieil & nouueau Testament a esté Diuinement inspirée, & n'a point esté apportée par volonté humaine: mais les saincts hommes de Dieu, estans poussez du sainct Esprit ont parlé. Et dés le temps passé Dieu a parlé par la bouche de tous ses saincts Prophetes: mais en ces derniers iours, il a parlé par son Fils vnique, lequel il a commandé d'escouter: & toute personne qui ne l'aura point escouté, perira. Mais celuy qui est de Dieu, il oit sa parole: laquelle est la seule, certaine & parfaite reigle de Verité & de bien viure, vtile pour doctrine, pour reprehẽsion, pour correction, pour instruction qui est en iustice: à fin que l'homme de Dieu soit entier, appareillé à toute bonne œuure. Dont s'ensuit que les sainctes Escritures sōt suffisātes, pour rendre l'homme sage à salut, & pour enseigner tout ce qui appartiēt au vray seruice de Dieu, & pour reprendre d'erreur ceux qui contredisent à la Verité, & pour reformer les heresies & abus, & mauuaises mœurs des hōmes. Pour ces raisons, la science de la saincte Escriture est plus à desirer qu'or & pierre precieuse: & par icelle toute humaine creature doit estre enseignée, pour garder toutes les choses, qui sont commandées: & la lecture d'icelle ne doit estre defendue à personne quelconque. Aussi ne doit-on faire rien que selon la parole de Dieu, sans y rien adiouster ou diminuer: à fin qu'on ne soit reprins de Dieu, & qu'on ne soit trouué menteur.

Suyuant la doctrine contenue en la saincte Escriture, nous confessons & croyons en vn seul Dieu, le Pere, le Fils & le S. Esprit, trois personnes en vne mesme essence spirituelle, eternelle, sans fin, & sans cōmencemēt: qui d'vne souueraine puissance & bōté infinie a créé toutes choses, & icelles viuifie, entretient & conserue. Et combien que le Dieu viuant soit incomprehensible (car celuy qui se voudra enquerir de sa Maiesté, sera opprimé par sa gloire) toutesfois le Seigneur ne s'est point laissé sans tesmoignage: car les choses inuisibles de Dieu, & son eternelle vertu & Diuinité apparoissent

roissent, quād elles sont cōsiderées par la creation du mōde, & par le gouuernemēt & cōseruation de toutes ses creatures. Aussi la souueraine puissāce de Dieu apparoist par ses iustes iugemens, par la punition des meschans, & par l'assistāce, secours & deliurāce de ceux qui l'aiment, & qui le craignēt. Ce qui est declairé par la parole de Dieu, descriuant la punition des pecheurs obstinez du deluge, & la preseruatiō de Noé & de sa famille : aussi par la destructiō de Sodome, & deliurāce de Loth. Pareillemēt par la deffaite de Pharao, & des Egyptiens, & la deliurance des Israelites, & par plusieurs autres exēples & histoires: par lesquelles les hōmes doyuēt cognoistre, que le Seigneur Dieu est l'Eternel, le Roy des rois, & le Seigneur des seigneurs. Et cōbiē que ces tesmoignages sont suffisans pour rendre l'homme sans excuse, s'il ne cognoist Dieu, & le glorifie : toutesfois encore plus specialement le Seigneur s'est voulu donner à cognoistre par son Fils Iesus Christ: comme nous confessons ainsi qu'il s'ensuit,

Nous sauons que le Fils de Dieu est venu, & c'est le grand mystere de la vraye religion, que Dieu est manifesté en chair: & pource no⁹ croyōs en Ies⁹ Christ, seul Fils de Dieu nostre Seigneur, Dieu puissant, admirable, Pere de vie eternelle, seul Maistre à escouter, seul Sauueur, seul Iustificateur, Sanctificateur & viuifiant, seul Mediateur & Aduocat, seul

& grand Sacrificateur immortel, eternel, qui n'a besoin de successeur : c'est le vray Dieu & vray homme.

Nous croyons & confessons que nostre Seigneur Iesus Christ a esté conceu du sainct Esprit, comme l'Ange l'auoit annoncé, sans œuure d'homme : à fin que tout fust sainct & immaculé, comme il estoit requis que sa conception fust pure de toute affection charnelle.

Nous croyons & confessons que Iesus Christ est nay de la vierge Marie, sans aucune corruption, en la ville de Beth-lehem, selon la prophetie de Michée, & a prins son corps semblable à nostre chair, excepté peché: & n'a point pris la nature des Anges mais la semence d'Abraham selon les propheties, pour estre offert en pur sacrifice pour les pechez.

Nous croyons & confessons que Iesus Christ a souffert sous Ponce Pilate, crucifié, mort & enseueli pour nos pechez : car Iesus est le vray Agneau Paschal, qui a esté immolé & sacrifié, pour nous deliurer de la tyrannie du diable: ce qui estoit figuré par le serpent d'airain, pour guarir ceux qui regardoyēt en iceluy Iesus Christ crucifié, & pour les oster de malediction, de mort & damnation eternelle : & par sa mort rendre & restituer la vraye vie à ceux qui croyent en luy.

Nous croyons & confessons qu'il est descendu aux enfers vers les saincts Peres, qui estoyent

ſtoyent au ſein d'Abraham, qui en vraye foy eſtoyent morts en la foy d'Abraham.

Nous croyons & confeſſons que le tiers iour noſtre Seigneur Ieſ⁹ Chriſt eſt reſſuſcité des morts, pour noſtre iuſtification, & certain teſmoignage, que ceux qui meurent en Ieſus Chriſt, ne periſſent point.

Nous croyons & confeſſons que noſtre Seigneur Ieſus Chriſt eſt mōté aux cieux, quarante iours apres ſa reſurrection: & a oſté ſa preſence corporelle de çà bas, comme il auoit predit à ſes diſciples, Iean 16, & comme les Anges ont teſmoigné.

Nous croyons & confeſſons, qu'il ſe ſied à la dextre de Dieu le Pere tout-puiſſant, ayāt toute puiſſance au ciel & en la terre: conſtitué Seigneur ſur toutes choſes, ſur toute principauté & puiſſance, vertu & domination: ayant mené captifs ſes aduerſaires & les noſtres, & les ayant deſpouillez, il a enrichi ſon peuple. Eſtant auſsi entré au Sāctuaire, qui n'eſt point fait de main d'hōme: il apparoiſt là cōtinuellemēt pour eſtre noſtre Aduocat & interceſſeur.

Nous croyōs que Ieſus Chriſt delà viendra iuger les viuans & les morts, vne fois au dernier iour, qui eſt au ſeul Dieu cogneu: & viendra en ſa maieſté royalle, accompagné de ſes Anges, pour faire le iugement general de tout le monde.

Nous croyons au ſainct Eſprit, qui eſt vne personne Diuine, procedãte du Perè & du Fils, egal à eux. C'est le vray Consolateur, par l'inspiration duquel tous les saincts Patriarches, Prophetes & Apostres de nostre Seigneur Iesus Christ ont parlé, par lequel la saincte Eglise a esté tousiours conduite & gouuernée. C'est le vray docteur, par l'inspiratiõ duquel tous les vrais Chrestiens ont cognoissance de la Verité: & cest Esprit habite en eux, & les regenere en changement de vie, mortifiant en eux le vieil homme, & les viuifiant à bonnes œuures, les consolãt en toutes afflictions, les fortifiant en tribulation, leur asistant en toutes aduersitez, les asseurant qu'ils sont enfans adoptifs de Dieu, coheritiers auec Iesus Christ, de la vie eternelle.

Nous croyons & confessons la saincte Eglise catholique, qui est la congregation & assemblée de tous les vrais croyans, fideles & esleus de Dieu, qui furent dés le commencement du monde, & seront iusques à la fin: de laquelle Iesus Christ est le chef, coniognant icelle par son sainct Esprit, & la conduisant par sa saincte parole, la conioignant d'vne mesme volonté & d'esprit par le lien de foy & charité. Tous les membres de ladite Eglise ainsi conioints ensẽble, recognoissẽt vn Dieu, & vn seul chef & Mediateur Iesus Christ, ayãs vne foy, vne Loy, vn Baptesme, vne table spirituelle, en laquelle vne mesme viande, vn mesme breuuage spiri-

ſpirituel leur eſt preſenté. Et pour icelle Egliſe Ieſus Chriſt s'eſt donné ſoy-meſme, à fin qu'il la ſanctifiaſt, la nettoyant par le lauement d'eau, par la parole de vie : à fin qu'il rendiſt à ſoy l'Egliſe glorieuſe, n'ayant quelque tache ou ride, ou aucune telle choſe: mais à fin qu'elle ſoit ſaincte & ſans tache. Il n'y a point de Pharao tyran, ny d'obſtiné Phariſien : il n'y a point de Simon magicien: il n'y a que les membres de ſon corps, de ſa chair, de ſes os en ceſte ſaincte Egliſe. Il n'y a point de membre pourri, corrompu, ny infect: & n'y a point de Iudas, de Cain, ne de Mauuais riche. Il n'y a que des brebis & agneaux: il n'y a point de boucs puans & infects. Et c'eſt la difference de l'Egliſe, qui eſt q̃lque fois appelée, La congregatiõ des bõs & des mauuais : & de l'Egliſe que nous croyons, qui eſt appelée Saincte, purifiée & ſanctifiée au ſang de l'Agneau ſans macule : hors laquelle nul ne peut eſtre ſauué. Pource en icelle tout bon Chreſtien doit cõuerſer: car la ſaincte Egliſe eſt la communion des Saincts, qui ſont tous membres de leur chef Ieſus Chriſt. tellement vnis, qu'ils verront enſemble Dieu face à face. C'eſt la belle confrerie, en laquelle ſont enregiſtrez tous les vrais Chreſtiens, qui ſont appelez de Dieu en la communiõ de ſon Fils Ieſus Chriſt.

Nous croyons & confeſſons la remiſsion des pechez par la grace, miſericorde & bonté de nostre Seigneur Iesus Christ, qui est mort vne fois pour nos pechez, le Iuste pour les iniustes: qui a porté nos pechez en son corps sur le bois : qui est l'Agneau de Dieu, qui oste les pechez du monde : c'est Iesus Christ le iuste, qui est nostre Aduocat enuers le Pere, & celuy est la reconciliation pour nos pechez : il est fidele & iuste, pour nous pardonner toute iniquité, & son sang nous efface l'obligation qui estoit contre nous, & nettoye nos consciences des œuures mortes, pour seruir au Dieu viuant : qui seul pardonne les pechez, & abolit les iniquitez des hommes, qui se conuertissent de leur mauuaise vie, & de l'iniquité qui est en leurs mains, en ayant la tristesse qui est selon Dieu, qui cause ferme penitence à salut, à l'exemple de Dauid, de sainct Pierre, de l'enfant prodigue, de la pecheresse, de plusieurs Iuifs. Et à cause qu'il n'y a homme qui soit sans macule, & qui se puisse monstrer iuste, nay de la femme: ainsi nul n'est de soy-mesme innocent deuant Dieu.. Veu que les estoilles ne sont pas nettes en sa presence : combien moins l'homme en sa pourriture, & le fils de l'homme qui n'est que ver? Aussi nous sommes faits tous comme souillez, & toutes nos iustices sont cõme le drap de la fẽme qui est en ses fleurs. Car tous les hommes ont erré comme brebis, vn chacun a decliné en sa voye : parquoy vn chacun a besoin de la grace de Dieu par Iesus

Christ

Chriſt, qui ſeul a ſatisfait pour les croyans, auſquels les pechez ne ſont point imputez, comme aux infideles & reprouuez.

Nous croyons & confeſſons la reſurrection de la chair des beneits de Dieu, pour poſſeder eternellement le royaume celeſte: & des maudits de Dieu, pour eſtre au feu & torment eternel: là ou ſera pleur & grincemẽt de dẽs. Auſsi nous croyons que les ames ſont immortelles: & que celles des fideles & enfans de Dieu, incontinent qu'elles partẽt du corps, võt en gloire au ciel auec noſtre Seigneur Ieſus Chriſt. Et nous ſauons que ſi noſtre maiſon terreſtre de ceſte loge eſt deſtruite, que nous auons vn edifice de par Dieu, vne maiſon eternelle és cieux, qui n'eſt point faite de main. Mais les ames des reprouuez infideles, incontinent qu'elles departent du corps, vont és tormens en enfer, iuſques au iour du iugement, & de la reſurrection de la chair, pour là eſtre tormentez eternellement en corps & ame en la gehenne du feu, qui iamais ne s'eſteind.

Nous croyons la vie eternelle, communiquée de la grace de Dieu, par noſtre Seigneur Ieſus Chriſt, qui eſt la vraye vie, & a deſtruit la mort, à fin que les croyans fuſſent heritiers de la vie eternelle. Car ceux qui croyent en luy & gardent ſa parole, ne mourront iamais: & n'y a nulle condamnation à ceux qui ſont en Ieſus Chriſt, qui ne cheminent point ſelon la chair, mais selõ l'Esprit:ceux ne viennẽt point en condamnation, mais passent de mort en la vie: car qui croit en Iesus Christ, ne sera point condamné:mais qui ne croit point,il est desia condamné. Ce sont les deux voyes qui nous ont esté enseignées par les saines Escritures,& n'en sauons point d'autre. L'vne des voyes est spacieuse, & meine à perdition, & ceux qui suyuent icelle, sont en grand nõbre. L'autre des voyes est estroite, & meine à la vie:& peu en y a qui veulẽt cheminer en icelle.

Nous croyons & confessons que nostre Seigneur Iesus Christ, mettant la fin à la Circoncision,a ordonné le Sacrement du Baptesme, par lequel nous sommes receus en l'Eglise du peuple de Dieu,pour estre dediez au Seigneur,& separez de tous autres peuples de diuerse religion,qui est la marque & vn signe visible:& le Baptesme exterieur nous represente le Baptesme interieur,& la grace de Dieu inuisible, & sa bonne volonté enuers nous, par le moyen de nostre Seigneur Iesus Christ, qui par son sainct Esprit nous baptize: lauãt,purgeant & nettoyant nos ames de toutes ordures & iniquitez,renouuellant nos cœurs:& les remplit de consolation & asseurance en sa bõté paternelle, faisant d'vne vieille creature vne nouuelle, & transferant les vaisseaux d'ire en vaisseaux de misericorde, par la vertu de Dieu inuisible ainsi œuurante:car le sang de

Iesus

Iesus Christ est le lauement de nos ames, & non l'eau materielle. Et la forme de baptizer est ordonnée de nostre Seigneur Iesus Christ, disant, Allez, & enseignez toutes gens, les baptizās au nom du Pere, & du Fils, & du sainct Esprit. Sainct Iean, les Apostres, & tous les Ministres de l'Eglise baptizent, prononçans la parole de Dieu au Sacrement, & baillent le signe visible. Nostre Seigneur Iesus Christ, le Pasteur des pasteurs, baille l'accroissement & les choses signifiées, & les graces & dons inuisibles. Ce que les prestres font dauantage, de coniurer l'eau, d'oindre, & saler, & cracher, c'est tradition des hommes: & ces choses ont esté adioustées au Baptesme, sans autorité de la saincte Escriture. Aussi faillent ceux qui refusent le Baptesme aux petis enfans des Chrestiens.

Nous croyons & confessons que nostre Seigneur Iesus Christ a ordonné & institué le sainct Sacramēt de la Cene, qui est vne saincte memoire & action de graces, faite en l'assemblée du peuple de Dieu, de la mort & pasion de Iesus Christ: en laquelle assēblée les signes visibles de pain & de vin sōt distribuez & pris, qui sont signes & memoriaux des choses sainctes: assauoir, du corps & du sāg de Iesꝰ Christ, sacrifié en la croix pour la remission de nos pechez, & reconciliation auec nostre Dieu. Et quiconque croit que le Seigneur Iesus Christ ait liuré son corps, & respandu son sang en remission de ses pechez, celuy mange la chair & boit le sang du Seigneur, & en est fait participant : contemplant la conuenance des choses visibles de la viande materielle, auec les choses inuisibles & la viande spirituelle. Car comme le pain fortifie la vie corporelle, & le vin resiouit le cœur de l'homme : aussi le corps de Iesus Christ liuré à la mort, & son sang respandu, nourrit, fortifie & resiouit la poure ame desolée. Mais ces choses ne sont point tant conioinctes ensemble : assauoir, le signe visible, & la chose signifiée inuisible, que l'vne ne puisse estre sans l'autre : car Iudas a bien prins le signe, mais il n'a point prins la chose signifiée, & n'a pas esté fait participant du corps & du sang de Iesus Christ : mais a esté fait par son infidelité participant de satã, & membre du diable. Parquoy l'homme se doit bien esprouuer soymesme, si en vraye foy & repentance il vient à ceste saincte table, auec charité Chrestienne: autrement il seroit coulpable du corps & du sang du Seigneur : car il mesprise la mort de Iesus Christ, & le conseil de Dieu, qui n'a point institué en vain ce sainct Sacrement, mais pour nous esmouuoir, inciter & mener en vraye amour ardante enuers Dieu & nos freres, à fin que nous soyons vn vray temple de Dieu, qui veut habiter en nous : comme nostre Seigneur tesmoigne en sainct Iean, Si aucun m'aime, il

gardera

gardera ma parole, & mon Pere l'aimera, & nous viendrons à luy, & ferons demeurance auec luy : mais ce n'eſt pas comme aucuns ont voulu dire, que le vray corps de Ieſus Chriſt naturel, en chair & en os, eſt au pain de la Cene, ou en iceluy conuerti: car cela eſt contre la parole de Dieu, & les articles de noſtre foy, là ou il dit qu'il eſt monté au ciel, ſe ſied à la dextre de dieu le Pere tout-puiſſant, & de là doit venir iuger les vifs & les morts. Mais le Seigneur Ieſus Chriſt eſt au Sacrament de la Cene, par puiſſance, vertu & preſẽce de ſon ſainct Eſprit au cœur de ſes eſleus & fideles. Nul dõc Chreſtiennement ne peut imaginer vne communion & vnion charnelle de Ieſus Chriſt & de ſes eſleus: combien qu'ils ſoyent vnis à ſon corps & à ſon ſang, & ſoyent membres de ſa chair & de ſes os. Car combiẽ que ceſte vnion ſoit vraye, toutesfois elle ſe doit comprendre ſpirituellement: car la conionction & communion ſpirituelle de Ieſus Chriſt, eſt vn grand myſtere, comme de ce ont cognoiſſance les fideles: mais la maniere de l'vnion ne ſe peut comprendre ne cognoiſtre. Or les Chreſtiens n'ont plus beſoin de la preſence corporelle de Ieſus Chriſt. L'Incarnation & la Paſsion ont eſté neceſſaires pour le ſalut des hommes: comme noſtre Seigneur teſmoigne, diſant, Ie ſuis iſſu du Pere, & ſuis venu au monde : derechef ie delaiſſe le monde, & m'en vay au Pere. Par-

E.

quoy il eſt manifeſte, que ceux abuſent les hõmes, qui enſeignent que le pain de la Cene eſt le propre corps de Chriſt. Ceux auſsi enſeignent mal, qui maintiennent qu'en la Cene on mange le corps de Chriſt corporellement: car la chair mangée ne profite rien: c'eſt l'Eſprit qui viuifie. Donc les fideles mangent la chair & boiuent le ſang de Ieſus Chriſt veritablement & ſpirituellement en leur cœur. Parquoy ceux qui meſpriſent ce Sacrement, ſont ſacrileges: mais les fideles croyent & cõfeſſent que la Cene de noſtre Seigneur eſt vne aſſemblée publique, pour teſtifier que Ieſus Chriſt eſt le pain de vie, qui eſt deſcẽdu du ciel. C'eſt l'accompliſſement de la figure de l'Agneau & ſolennité de Paſques, & participatiõ au corps & au ſang de Chriſt, memoire de ſa mort & paſsion, & confeſsion de foy par la liurée du vray Roy, ſeparation des ſectes, vnion en vn corps, obligation des vns aux autres, nerf & lien pour ceſte conionction, exemple aux ſucceſſeurs, arre de la miſericorde de Dieu, figure de la Cene eternelle.

Nous croyons & confeſſons que le vray ſeruice de Dieu conſiſte, en ce que nous obeiſſions à ſa volonté, & que nous taſchions d'enſuyure icelle. La reigle pour luy obeir nous eſt donnée aux dix Commandemẽs de la Loy, qui nous enſeignent du deuoir que nous auõs à Dieu, & à noſtre prochain. La fin du Commandemandement eſt, d'obeir à Dieu en vraye charité, d'vn cœur parfait, d'vne bonne conſciẽce, & d'vne foy non feinte. C'eſt la maniere de biẽ honnorer Dieu, qui ne veut pas eſtre ſerui ſelon noſtre fantaſie, ne par traditions des hommes: & ne veut auſsi qu'vn chacun face ce qui luy ſemble bon & droit: mais ce qu'il commande. Car toutes les bonnes œuures, leſquelles Dieu a preparées, à fin que nous cheminions en icelles, ſont cõtenues en ſes Cõmandemẽs.

Nous confeſſons que la cognoiſſance de peché vient par intelligence de la Loy, qui nous demonſtre noſtre imbecillité, & qu'il n'y a hõme viuant qui la puiſſe accomplir: car tous les hõmes ſont pecheurs, tranſgreſſeurs de la Loy, de nature enfans d'ire, dignes du iugement de Dieu, & de damnation & mort eternelle. Dõt s'enſuit que nous n'auons autre remede que de recourir à la grace & miſericorde de Dieu, qui nous eſt preſentée par le moyen de noſtre Seigneur Ieſus Chriſt: cõme il eſt eſcrit, La parole eſt pres en ta bouche & en ton cœur: c'eſt la parole de la foy, que nous annonçons. Que ſi tu confeſſes le Seigneur Ieſus, & que tu croyes en ton cœur que Dieu l'a reſſuſcité des morts, tu ſeras ſauué: car on croit de cœur à iuſtice, & on confeſſe de bouche à ſalut: & tout homme qui croit en luy, ne ſera point confondu. Car les promeſſes de Dieu ſont compriſes par la foy, qui eſt vne certaine cognoiſſance de la bonne volonté de Dieu enuers nous, fondée sur la promesse gratuite, qui nous est donnée en Iesus Christ, & confermée en nostre cœur par son sainct Esprit, par laquelle nous sommes sauuez de grace, & ce non point de nous: car c'est don de Dieu, non point par œuures: à fin que nul ne se glorifie. Parquoy l'Apostre sainct Paul a tout estimé à detriment, & l'a reputé comme fiens, à fin qu'il gagnast Christ, & à fin qu'il fust trouué en Christ, non ayant la iustice qui est de la Loy, mais celle qui est de la foy: laquelle iustice est de Dieu. Et dit en vn autre passage, Et nous sachans que l'homme n'est pas iustifié par les œuures, sinon par la foy de Christ: nous aussi croyons en Iesus Christ, à fin que nous soyons iustifiez par la foy de Christ, & non point par les œuures de la Loy. Et c'est la doctrine que nostre Seigneur Iesus Christ nous enseigne, quand les Apostres luy demandoyent, Qui pourra donc estre sauué? Il respond, Quant aux hommes cela est impossible: mais quant à Dieu, toutes choses sont possibles. Ou est donc la gloriation? Elle est forclose. Par quelle Loy? Des œuures? Non: mais par la loy de la foy, laquelle est reputée à iustice en cestuy qui iustifie les fideles.

Nous croyons & confessons que les bonnes œuures, lesquelles Dieu a preparées, à fin que nous cheminions en icelles, qui sont declarées

clarées en ſa parole, doyuent eſtre faites & ſoigneuſement accompliées, non point pour meriter quelque choſe enuers Dieu, ou de crainte d'eſtre damnez: mais pour vne reuerence & amour que nous deuons à noſtre Pere: à fin qu'en luy obeiſſant il ſoit par nous glorifié, & noſtre prochain edifié: à fin que la foy viue ſe manifeſte, & l'arbre par les bons fruicts. Dont ſainct Pierre dit, Pour laquelle cauſe, mes freres, prenez peine que par bonnes œuures vous faciez voſtre election certaine, ayans voſtre conuerſation bonne entre les Gentils: à fin qu'en lieu de ce qu'ils detractent de vous, comme de malfaicteurs, ils glorifient Dieu au iour de la viſitation, en vous conſiderant par bonnes œuures. Et pource que les froids & pareſſeux à faire bonnes œuures s'excuſent ſur ce, que la Loy eſt impoſsible à la chair, & ſe flattent en leurs pechez, ſe ſeduiſans eux-meſmes: il eſt tout manifeſte, que ceux qui aurōt vraye foy, produiront les fruicts & œuures d'icelle: mais les infideles feront les mauuaiſes œuures, & les hypocrites auſsi, qui ſe vantent d'vne foy morte: deſquels ſainct Paul dit, qu'ils confeſſent cognoiſtre Dieu, mais ils le nient par œuures: veu qu'ils ſont abominables, incredules & reprouuez à toute bonne œuure.

Nous croyons & confeſſons, que ſobrieté & temperance, nous eſt perpetuellement de Dieu commãdée. Et auſsi en l'Eſcriture ſaincte le iusne nous est commandé, qui est affliction & humiliation du corps: non seulement pour affliger la chair, mais pour estre plus prompts,& plus propres en prieres. Dont on voit auiourdhui la vraye maniere de iusner estre obscurcie,ou quasi du tout aneãtie:ce que Isaie reprend, & declaire ceux qui abusent du iusne, Ne vueillez iusner comme vous auez fait iusques à ce iour,&c.

Nous confessons qu'en l'ancien Testament estoyent defendues certaines viandes: mais aux Chrestiens elles sont demourées en liberte par Iesus Christ: lequel nous a deliurez de telle ceremonie & seruitude de la Loy. A ceste cause, toutes choses sont pures à ceux qui sont purs: mais au souillez & infideles, rien n'est pur:mais leur entendement & conscience sont souillez. Et la viande ne nous fait point plus agreables à Dieu: car ce qui entre en la bouche,n'est point ce qui souille l'homme.Et toute creature de Dieu est bõne, & nulle n'est à reietter,de laquelle on vse auec action de graces:car elle est sanctifiée par la parole de Dieu, & par oraison. Mais il faut prendre garde, de n'abuser de ceste liberté en occasiõ de la chair: & se doit-on garder que les cœurs ne soyent agrauez de gourmandise & d'yurongnerie, & des sollicitudes de ce siecle.

Nous confessons que les Rois, Princes & Seigneurs sont ordonnez de Dieu, pour porter

ter le glaiue, à la defense des innocens, & punitiõ des malfaicteurs. Et pource on doit estre subiet à eux : non point seulement pour l'ire, mais aussi pour la conscience. Et faut rendre à vn chacun ce qui luy est deu : à qui tribut, tribut: à qui peage, peage: à qui crainte, crainte: à qui honneur, honneur . Et au Roy est deue obeissance, cõme au plus excellent: & aux Ducs, comme à ceux qui sont enuoyez de luy : & à tous Seigneurs & Magistrats, qui sont ordonnez de Dieu, pour la louãge des bons, & pour faire la vengeance des malfaicteurs.

Nous confessons que les Ministres & Pasteurs de l'Eglise, doyuẽt estre exemplaire du troupeau & des fideles, en parole & en conuersation, en charité, en foy & en chasteté, preschans & perseuerans en la doctrine de Dieu: & que les pasteurs auaricieux, qui inuentẽt fausse doctrine, pour gain deshonneste, sous couleur de seruir à Dieu: tels marchans, faux vendeurs, qui vendent la veue de leur marchandise, & vne chose cent mille fois : qui font du tẽple de Dieu vne cauerne de brigans: qui vẽdẽt la deliurãce des ames, qu'ils disent estre en Purgatoire, & pardons & remissions des pechez: qui vendent les mauuaises œuures : tels trompeurs, seducteurs, idolatres, doyuẽt estre deposez par les Rois & Magistrats, & en doit on substituer d'autres en leurs lieux, nonobstãt qu'ils se soyẽt exẽptez de la puissance des

Rois & Princes, & se soyent par ambition & tyrannie incomparable attribué puissance & seigneurie, & ayent vsurpé la puissance & autorité des Princes, delaissans leur propre office, qui estoit de nourrir le troupeau de Dieu, pouruoyans non point par contrainte, mais volontairement selon Dieu: non point par occasion de gain deshonneste, & non point comme ayans seigneurie sur le Clergé: comme il est assez manifeste par la couronne d'or, d'argent & de fer, & domination des Euesques & Abbez, qui receurōt le salaire de leur iniquité. Mais quand le Prince des Pasteurs apparoistra, ceux qui auront esté fideles seruiteurs, receuront les courōnes incorruptibles de gloire.

Ceste confession de foy a esté presentée en partie à la Cour souueraine du Parlement de Prouence, & depuis plus amplement declairée par articles adioustez, & presentez à l Euesque de Cauaillon, ainsi qu'il auoit demandé. Et apres a esté de poinct en poinct presentée au Cardinal Sadolet, Euesque de Carpentras, auec vne requeste attachée: contenant que les habitans de Cabrieres, au comté de Venisse, le supplioyent humblement, qu'il luy pleust receuoir & lire la doctrine, qui leur auoit esté enseignée de pere en fils: laquelle ils estimoyent estre fondée en la doctrine contenue au vieil & nouueau Testament. Et pource que ledit Cardinal estoit renommé d'auoir vn grand sauoir

uoir aux ſainctes Eſcritures, & qu'il s'adõnoit à la lecture d'icelles, leſdits de Cabrieres le ſupplierent qu'il luy pleuſt marquer les articles & ppoſitiõs qu'il eſtimeroit eſtre cõtre la ſaincte doctrine de Dieu. Et ou il leur feroit apparoir qu'il y euſt choſe contraire à icelle: que non ſeulement ils ſe ſubmettoyent à abiuration, mais à telle peine qu'on les voudroit condamner, tant en punition de corps, que d'amendes pecuniaires, iuſques à la priuatiõ de leurs biẽs meubles & immeubles. Semblablement, que s'il y auoit Iuge au comté de Veniſſe, qui puiſſe faire apparoir par bonnes informations, qu'ils ayent tenu autre doctrine ſcandaleuſe ou autre religion, que tout ainſi qu'ils ont propoſé par les articles de leur Confeſsion: qu'il plaiſe auſsi leur communiquer, offrans obeir à tout ce qui ſera iuſte & raiſonnable.

Sur ladite requeſte ledit Cardinal Sadolet reſpondit par lettre eſcrite par ſon Secretaire, & ſignée de ſa main, & ſeellée de ſon ſeau, comme pluſieurs, qui ſont encores viuãs, l'ont tenue & leue. Dont le ſommaire du contenu s'enſuit,

I'ay veu voſtre requeſte, & ay leu les articles de voſtre Confeſsion. Il y a beaucoup de matiere: & n'ay pas entendu que ſoyez accuſez d'autre doctrine, que de celle meſme que vous confeſſez. Il eſt vray qu'aucuns ont fait bruit, & vous impoſent choſes, qui eſtoyent grandement à reprendre. Mais quand on en a fait diligente inquisition, on a trouué que c'estoit toute calõnie & faux rapports. Au reste, de vos articles, il me semble y auoir quelques mots, qu'on pourroit bien changer, sans preiudice de vostre Confession. Et semblablement il me semble, qu'il n'estoit pas besoin de parler si manifestement contre les pasteurs de l'Eglise. Quant à moy, ie desire vostre bien, & seray marri, si on vous destruit, cõme lon a entrepris. Et à fin que vous entendiez mieux l'amitié que ie vous porte, ie me trouueray vn tel iour en ma maisõ pres de Cabrieres: & là vous pourrez venir, & vous en retourner seuremẽt en petit ou grand nõbre, sans ce que nul vous face desplaisir: & là ie vous aduertiray, de ce qui me semblera estre à vostre salut & profit.

En ce temps-là, qui estoit l'an mil cinq cens quarante deux, le Vicelegat d'Auignon fit assembler grande gẽdarmerie, pour aller destruire Cabrieres, à la poursuitte de l'Euesque de Cauaillon. Et l'armée estant à vne lieue pres du lieu de Cabrieres, le Cardinal Sadolet alla en diligence vers le Vicelegat, & luy communiqua la requeste desdits de Cabrieres, auec les articles de leur Confession de foy, & les offres qu'ils faisoyent. Dont à sa faueur il fit retirer ladite armee. Et pour lors ceux de Cabrieres n'eurent aucun dommage. Depuis le Cardinal Sadolet alla à Rome, & deuant que

par-

partir enuoya querir pluſieurs de ceux de Cabrieres, & auſsi pluſieurs grãgiers ou fermiers, qu'il auoit de ce peuple, qu'on appele Lutheriens: & ne vouloit autres grãgiers que de ceux là, en toute ſa ſeigneurie. Or il leur dit, qu'il auroit ſouuenance d'eux: & que tantoſt qu'il ſeroit à Rome, il cõmuniqueroit leurs articles & Confeſsion aux Cardinaux: & eſperoit qu'il y auroit quelque moyen, pour dreſſer en vn Concile vne bonne reformation, dont le Seigneur Dieu ſeroit glorifié, & la Chreſtiété en bonne paix: & qu'il ne doutoit point, que les abus, à tout le moins les plus lourds, ne fuſſent corrigez. Cependant il les aduertiſſoit, qu'ils fuſſent prudens, & qu'ils auroyẽt bien beſoin de veiller & de prier: car ils auoyent beaucoup d'ennemis. Leſdits de Cabrieres furent conſolez, & eſperoyent qu'à la pourſuite du Cardinal Sadolet, ils auroyent reſponſe de leur Confeſsion: toutesfois à ſon retour ils entẽdirent, que les choſes eſtoyent tant deprauées à Rome, qu'il n'y auoit eſpoir de ce coſté-là de reformation: mais pluſtoſt vn appareil de guerre contre tous ceux qui ne voudroyent viure ſelon les ordonnances de l'egliſe Romaine. Neãtmoins qu'il cognoiſſoit bien, que les abus ne pouuoyent plus gueres durer, attendu le grand nombre de gens de toutes nations, qui auoyẽt la cognoiſſance de la ſaincte doctrine. Et autant en diſoit le Threſorier de

Carpentras, lequel combien qu'il fournist l'argent pour soudoyer les soldats, qu'on leuoit souuent pour faire la destruction de Cabrieres: toutesfois il leur aidoit de ce qu'il pouuoit secrettemēt. Mais il ne peut faire ces choses si secrettemēt, qu'il ne vint au sauoir du Vicelegat: dont il fut cōtreint de se retirer diligémēt.

D'autre part, l'Euesque d'Aix & de Cauaillon poursuyuoyent tousiours l'execution de l'Arrest de Merindol. Dont il fut ordonné par la Cour du Parlement de Prouence, que suyuant les lettres du Roy nostre Sire, Iean Durandi Conseillier de la Cour, auec vn Secretaire & l'Euesque de Cauaillon, auec vn docteur en Theologie, se transporteront sur le lieu, & là ils remonstrerōt aux habitans de Merindol, les erreurs & heresies, qu'ils pretendrōt estre contenues en leur Confession de foy, ou autres erreurs, desquelles leur feront apparoir par bonnes informations. Et les ayās conueincus par la parole de Dieu, leur feront renoncer & abiurer lesdites heresies: & en ce faisant, les tiendront quittes de toutes peines & condamnations: dont de la part de la Cour leur est donné puissance & charge de les absoudre, en tant que luy touche & appartient. Et ou lesdits de Merindol, estans ainsi conueincus par la parole de Dieu, d'auoir suyui & vescu en erreurs & heresies, ne voudront faire abiuration en tel cas requise: que lors de tout ce qui auoit esté

esté fait, en seroit fait proces verbal, pour y proceder comme par la Cour seroit aduisé.

Apres ladite ordonnance, l'Euesque de Cauaillon ne peut attendre de proceder en ceste matiere au terme ordonné par ladite Cour: mais luy-mesme, auec vn docteur en Theologie, vint au lieu de Merindol, pour leur faire faire abiuration. A quoy, de la part de ceux de Merindol, luy fut remonstré, qu'il entreprenoit contre l'autorité de la Cour souueraine, & contre la commission qui en auoit esté decernée. Nonobstant cela, il pressa tant lesdits de Merindol, qu'ils deuoyēt abiurer: & qu'en ce faisant, il les mettroit sous ses ailes, comme la geline fait ses poullets: & que plus ils ne seroyent pillez & tormentez. Sur ce, de la part de ceux de Merindol, il fut respondu, qu'il luy pleust faire apparoir, de ce qu'il vouloit qu'ils fissent abiuration. L'Euesque respondit, qu'il n'estoit besoin de remonstrance ne dispute par la parole de Dieu : mais seulement d'vne generale abiuration de tous erreus, & que par cela ne leur en pourroit venir aucun dommage, & que luy-mesme ne feroit difficulté de faire telle abiuration. Lesdits de Merindol luy firent responsse, qu'ils ne vouloyent rien faire contre l'Arrest & ordonnance de la Cour, ne contre la prouision qui leur auoit esté faite par le Roy. Parquoy, estoyent en ceste deliberation & resolution, d'entēdre les heresies & erreurs, dont on pretend qu'ils sont entachez: à fin qu'estans remõstrez par la parole de Dieu, ils puissent satisfaire au contenu des lettres du Roy. Autrement, que ce seroit hypocrisie, & vne feinte, ausi vn mespris d'vn moyen tant iuste & equitable, qui leur auoit esté fait par le Roy. Parquoy ils conclurent (comme dessus a esté dit) que si lon faisoit apparoir par bonnes & suffisantes informations, qu'ils ayent tenu heresies, & soyent de ce conueincus par la parole de Dieu à eux remonstrée, que volontairement & sans fiction ils feroyent abiuration. Ou si en leur Confession y a parole contre la saincte doctrine de Dieu, qu'icelle reuoqueront. Au cõtraire, s'il n'appert par bonnes informations, qu'ils ayent tenu quelque heresie: mais au contraire, s'il se trouue qu'ils ayent vescu selon la saincte doctrine du sainct Euangile: ausi que leur Confesion soit fondée de mot à mot en icelle: qu'on ne les doit contreindre ny inciter aucũnement, d'abiurer les erreurs qu'ils ne tiennent pas: & seroit contre tout ordre de iustice. L'Euesque de Cauaillon se courrouçoit merueilleusement, & ne vouloit ouir parler du moyen de faire remonstrance par la parole de Dieu: & furieusement donnoit au diable celuy, qui s'estoit aduisé le premier de ce moyen. En fin, le docteur en Theologie, qui là auoit esté amené par l'Euesque, demanda quels estoyent ces articles, qui auoyent auoyẽt esté presentez de la part desdits de Merindol. Et l'Euesque de Cauaillon ne les luy auoit communiquez. Lors lesdits de Merindol respondirent, que l'Euesque de Cauaillon les deuoit auoir: toutesfois qu'ils en auoyent la copie. Alors l'Euesque de Cauaillon bailla ladite Confession audit docteur en Theologie: & apres la lecture d'icelle, l'Euesque de Cauaillon dit, Que voulez-vous plus de tesmoignage ne de remonstrance? Cela est plein d'heresie. Lesdits de Merindol demanderent, En quel endroit? Et l'Euesque ne seut que respõdre. Le docteur en Theologie demãda terme, pour regarder les articles de ladite Confession, pour sauoir s'ils estoyent contraires à la saincte Escriture. Et ainsi l'Euesque s'en alla biẽ marri, de ce qu'il n'auoit peu faire ce qu'il pretendoit. Au bout d'huit iours, l'Euesque enuoya querir ce docteur, pour entendre comme il se faudroit conduire, à remonstrer les heresies, qui estoyent en ladite Confession de foy. A quoy le docteur dit, que iamais ne fut si esbahi: car quand il a regardé les articles de ladite Confession, & les autoritez de la saincte Escriture, qui y sont alléguées, pour la confirmation de ladite Confessiõ, il a trouué que lesdits articles estoyent du tout conformes aux sainctes lettres: & qu'il n'auoit pas tant apprins aux sainctes Escritures tout le temps de sa vie, qu'en huit iours, qu'il auoit regardé les saíctes Escritures, alleguées esdits articles. Vn peu de temps apres, l'Euesque de Cauaillon vint à Merindol, accompagné de seruiteurs seulement & ayant fait appeler les enfans, grans & petis, leur bailla de l'argent: & leur commanda par douces paroles d'appré dre l'oraison de nostre Seigneur en Latin, & aussi la creance en Latin. La plus part respondit, qu'ils sauoyent bien le Pater en Latin, & aussi le Credo: mais qu'ils ne pourroyent rendre raison que c'estoit à dire, sinon en leur langage vulgaire. L'Euesque leur dit, qu'il n'estoit besoin qu'ils fussent tant sauans, & qu'il suffisoit s'ils sauoyent ces choses en Latin: & qu'il n'estoit requis pour estre sauué, de sauoir rendre raison, & de sauoir entendre & exposer les articles de nostre foy: & qu'il y a beaucoup d'Euesques & Curez, voire de docteurs en Theologie, qui seroyent bien empeschez d'exposer le Pater & le Credo. A quoy fut respondu par le Baile de Merindol, nommé André Mainard, Et dequoy seruiroit-il de sauoir dire de bouche le Pater & le Credo, si on ne entendoit que c'est à dire? Si on ne l'entend point, on ment & se moque on de Dieu, quãd on dit, Ie croy en Dieu: si on n'entend point que c'est à dire, Ie croy en Dieu. Et l'Euesque dit au Baile, Et entendez-vous bien que c'est à dire, Ie croy en Dieu? Et le Baile luy fit response, Ie m'estimeroye bien miserable, si ie ne ne l'entẽdoye, voire le moĩdre enfant de ceux que vous voyez icy deuant vous, l'entẽd bien: & ie n'auray pas honte de declairer ma foy & ma croyance, ſelõ qu'il a pleu à Dieu de m'en donner l'intelligence : & commença à rendre raiſon de ſa foy par bon ordre. Dont l'Eueſque fut esbahi:& luy dit, Ie n'euſſe point penſé, qu'il y euſt eu de ſi grãs clercs à Merindol. Et le Baile luy dit, Le moindre des habitans de Merindol vous pourra rendre raiſon de ſa foy encores plus propremẽt que moy: mais auſſi ie vous prie d'interroguer ces enfãs, ou l'vn d'eux: à fin que vous ſachiez s'ils ſont bien enſeignez, ou mal. Et l'Eueſque ne ſauoit pas le moyen meſme de les interroguer, ou ne le vouloit pas faire. Dont vn nommé Perron Roy, Syndique de Merindol, s'aduiſa: & luy dit, Monſieur, vn de ces petis enfans pourra bien interroguer les autres, ſi cela vous eſt agreable. Et l'Eueſque le permit. Adonc l'vn commença à interroguer les autres auec vne grace & autorité, qu'on euſt propremẽt dit, que c'eſtoit vn vray Inquiſiteur de la foy. Et les enfans l'vn apres l'autre reſpondoyent tant bien à propos, que c'eſtoit choſe merueilleuſe de les ouir. Or cela ſe fit en preſence de pluſieurs gens, & meſmement de quatre Religieux, leſquels tout fraiſchement venoyent de l'Vniuerſité de Paris. Et l'vn deſdits Religieux dit à l'Eueſque, Il faut que ie confeſſe icy, que i'ay eſté ſouuent à la Sorbonne à Paris, oyant les diſputes qui ſe faiſoyent en Theologie: mais ie n'ay iamais tant apprins de bien, que i'ay fait en oyant ces petis enfans. Et vn nommé Guillaume armant luy dit, N'auez-vous iamais leu ce qui eſt eſcrit en l'onzieme chapitre de saĩct Matthieu, là ou il eſt dit, O Pere, Seigneur du ciel & de la terre, ie te ren graces, que tu as caché ces choſes aux ſages & prudens, & les as reuelées au petis! Voire, Pere, puis que ton bon plaiſir a eſté tel. Et chacun s'eſmerueilloit des bonnes paroles & reſponſes que faiſoyent leſdits de Merindol. Lors l'Eueſque, ayant fait retirer tous les eſtrangers, propoſa gracieuſement auſdits de Merindol, diſant, qu'il ſauoit qu'il n'y a point tant de mal en eux, que beaucoup de gens penſent: toutesfois pour contenter ceux qui les pourſuyuent, il eſt neceſſaire qu'ils facent quelque abiuration ſeulement en ſa preſence, ſans ce qu'il y ait ne Notaires, ne Secretaires, pour en faire memorial par eſcrit: mais que le Baile & les Syndiques au nom des habitans de Merindol, facent ladite abiuration generale en ſes mains: & qu'en ce faiſant ils ſeront aimez & fauoriſez de tous, meſme de ceux qui les perſecutent: & que cela ne leur peut porter aucun dommage: car il n'en ſera rapport ſinon au Pape, & à la Cour de Parlemẽt de Prouẽce. Que ſi aucũ leur en vouloit faire reproche, ils le pourront nier, & dire, re, qu'ils n'ont fait aucune abiuration. Aussi si on vouloit alleguer cela contre eux, pour leur faire quelque dommage le temps aduenir: ils le pourront tousiours nier, & on n'en pourroit rien faire apparoistre, ne par lettres ne par tesmoins. Et pour ce faire, les pria de parler ensemble, à fin qu'il y ait vne fin en ceste cause: & qu'il ne s'en parle plus. Le Baile & les Syndiques, & plusieurs anciens respondirent l'vn apres l'autre, que quant à eux, ils estoyent tous aduisez, & resolus de ne faire ne consentir à faire abiuratiõ, quelle qu'elle fust: si ce n'estoit (comme ils ont tousiours dit) qu'on leur fist apparoir par la parole de Dieu, qu'ils ont esté en heresie. Et luy dirent hardiment, qu'ils s'emerueilloyent de ce qu'il les vouloit induire à mentir à Dieu & aux hommes: & combien que tout hõme de sa nature soit menteur, toutesfois ils auoyent esté enseignez par la parole du sainct Euangile, qu'ils se doyuent soigneusement garder de dire aucune menterie, quelque petite qu'elle fust. Aussi qu'ils deuoyent prendre garde à leurs enfans, qu'ils ne s'accoustumassent à dire mẽsonge: aussi les chastioyẽt autant, quand ils les surprenoyent en quelque mensonge, que s'ils les eussent trouuez en larrecin: car le diable est mẽteur, & pere de mensonge. Or ils ne veulẽt auoir participatiõ auec les diables, ny auec aucun de ses supposts, qui les voudroit destourner de la Verité, pour suiure mẽſonge. L'Eueſque fut bien marri d'ouir ces propos: & s'en alla tout mal contẽt, & tout confus. Quelque temps apres, l'Eueſque d'Aix ſollicita maiſtre Iean Durandi, Conſeillier de la Cour du Parlement de Prouence, d'executer la commiſsiõ, qui luy auoit eſté baillée: asſauoir, de ſe tranſporter au lieu de Merindol, auec vn Secretaire ou Greffier de la Cour: & là en la preſence de l'Eueſque de Cauaillon, accompagné d'vn docteur en Theologie, propoſer les erreurs & hereſies, dont les Eueſques pretendoyent que leſdits de Merindol fuſſent entachez, & de leur bien & deuement faire remonſtrances par la parole de Dieu. Et ainſi cõ ueincus, qu'ils leur facent renoncer & abiurer leſdites hereſies. Ledit Conſeillier Durandi fit ſauoir le iour auquel il ſe touueroit à Merindol, pour executer ſa commiſsiõ: à fin qu'il n'y euſt aucun deſdits de Merindol abſent. A la iournée aſsignée ſe trouua ledit Durandi, l'Eueſque de Cauaillon, vn docteur en Theologie, & vn Secretaire. Auſsi là eſtoyent preſens pluſieurs gentils-hommes & gens ſauans, & autres de tous eſtats, qui là eſtoyent venus, pour voir faire ceſte execution. Or leſdits de Merindol furent aduertis, qu'ils ne comparoiſtroyent point tous enſemble: mais que tous ſe pourroyent retirer vers le mouſtier, & que quand ils ſeroyent appelez, ils cõparoiſtroyẽt en l'ordre & au nombre qui leur ſeroit declairé.

ré. Apres donc, au lieu & en la place accoustumée de tenir la iustice, le Conseillier Durandi estant assis, & l'Euesque de Cauaillon apres luy, & le docteur en Theologie, & le Secretaire, furent appelez André Mainard Baile, Ienõ Romane, & Michelin Mainard, Syndiqs, Iean Cabrie, & Iean Palenq des anciẽs de Merindol. Et apres s'estre representez auec tout honneur & reuerence, leur fut remonstré par le Conseillier Durandi, qu'ils n'auoyent à ignorer que l'Arrest auoit esté donné contre eux par la souueraine Cour du Parlement de Prouence: par lequel ils estoyent condamnez à estre bruslez, auec leurs femmes & leurs enfans : & aussi que toutes leurs maisons seroyẽt abbatues, & le village du tout rasé & deshabité, cõme plus à plein est contenu audit Arrest. Toutesfois il a pleu au Roy nostre Sire enuoyer lettres de grace & de pardõ: par lesquelles il est mandé, qu'il ne veut qu'il soit procedé contre eux si rigoreusément: mais que si on peut faire apparoir par bonnes & suffisantes informations, qu'eux tous, ou aucun d'entre eux, par ignorance ou par seduction d'aucun malin esprit fust deuoyé de la vraye religion Chrestienne, qu'à tels ou à tel soyẽt faites remonstrances par la parole de Dieu : & par ce moyen qu'ils soyent reduits ou reduit au troupeau de l'Eglise de Iesus Crist, comme il est plus à plein contenu ausdites lettres, desquelles la lecture leur fut faicte. Et apres plusieurs ordonnances de ladite Cour, finalement il a esté arresté, que l'Euesque de Cauaillon auec vn docteur en Theologie, vous feroyent entendre en ma presence les heresies, dōt on pretend que soyez entachez : & apres bonnes remonstrances par eux faites par la parole de Dieu, vous renonciez ausdites heresies: & publiquement & solennellemēt les abiuriez, ainsi qu'en tel cas est requis & necessaire. Et en ce faisant, vous iouirez de la grace contenue aux lettres du Roy nostre Sire. Parquoy monstrez auiourdhuy que voulez obeir à Dieu, & au Roy, & à la iustice. Et apres leur dit, Que respondez-vous à ce que ie vous ay proposé? Lors André Mainard Baile, fit signe aux Syndiques de Merindol de respondre: & les Syndiques aussi faisoyent signe, qu'il appartenoit au Baile du lieu de respōdre. Dont le Conseillier Durandi dit au Baile, qu'il deuoit respondre le premier, d'autant qu'il estoit en office. Dés lors le Baile respondit, que cest affaire appartenoit à la communauté de tout le village: à ceste cause, que c'estoit aux Syndiques d'en respondre les premiers: toutesfois puis qu'il luy auoit fait commandement, qu'obeissant à iceluy, ils le supplioyent de permettre & ottroyer vn Aduocat, pour respondre pour eux, selon l'instruction qu'ils luy bailleroyent: d'autant qu'ils n'estoyēt gens lettrez, pour respondre tāt propremēt qu'en tel cas est requis. Surquoy le Conseillier ordõna, qu'ils ne respondroyent point en ceste cause par Aduocat, ne par escrit : mais de leur propre bouche : qu'il leur permettoit bien de parler ensemble, estãs vn peu retirez de la presence des Commissaires, sans demander conseil aucun, sinon ainsi qu'ils aduiseront d'eux-mesmes : toutesfois qu'ils pourront tous parler l'vn apres l'autre. Suyuant ceste deliberation le Baile & les deux Syndiques, & les deux anciens, qui estoyent les premiers appelez, parlementerent ensemble bien peu de temps:& n'eurent autre aduis, sinon que les Syndiques parleroyent les premiers,& apres eux le Baile, & consequemmẽt les deux anciens, vn chacun selon que Dieu leur en feroit la grace. Et incontinent se presenterent:dont le Conseillier fut esbahi,de ce que si soudainement ils auoyent arresté leurs aduis. Lors Michelin Mainard,Syndique de Merindol, commença à respondre, priant le Conseillier Durandi,& l'Euesque de Cauaillon, & tous les assistans de luy pardonner, s'il respondoit trop lourdement : ayans esgard & supportans les poures rustiques & ignorans. Il respondit donc cõme il s'ensuit, Nous sommes bien tenus de remercier Dieu,de ce qu'auec tous ses autres bienfaicts il nous a deliuré de grans assauts, & luy a pleu toucher le cœur du Roy nostre Sire, à ce que nostre cause soit traitée par iustice, & non point par violence, ny voye de faict. Aussi sommes-nous bien tenus de prier pour la prosperité du Roy nostre Sire: lequel à l'exemple de Salomon & de Daniel, n'a point dedaigné de pouruoir à la cause des plus poures de tous ses subiets. Et aussi nous remerciõs Messieurs de la Cour du Parlement de Prouence, de ce qu'il leur plaist administrer iustice, ainsi qu'il leur est mandé par le Roy nostre Sire. Finalement nous vous deuons bien remercier, monsieur Durandi, commissaire en ceste cause: d'autant qu'en peu de paroles & bien facilement nous auez proposé la maniere, par laquelle il nous faut proceder. Dont de ma part ie veux bien sauoir & entendre les heresies, dont ie suis accusé & chargé: & là ou on me fera apparoir auoir dit ou tenu propos contre l'honneur de Dieu, ie le voudroye en tel cas reparer, tout ainsi qu'il seroit par vous ordonné. Et apres Ienon Romane, homme fort ancien, Syndique de Merindol, respondit, qu'il approuuoit tout ce qui auoit esté dit par son compagnon: & qu'il loue Dieu de ce qu'en son temps & en ses derniers iours, il auoit veu & ouy ces bonnes nouuelles, que la cause de leur religion seroit decidée & traitée par la saincte Escriture: & que tousiours auoit ouy dire aux anciens, que iamais ils n'auoyent peu obtenir des Iuges de leurs persecutions, qu'il fust procedé en ceste maniere. Apres les deux Syndiques de Merindol, André

Mai-

Mainard, Baile dudit lieu, respõdit, que Dieu auoit fait la grace aux deux susdits de Merindol, de si bien respondre, qu'il n'estoit besoin par luy d'y adiouster: toutesfois qu'il luy sembloit bien, que leur response deuoit estre mise par escrit: ce qui n'auoit esté fait par le Secretaire, qui n'auoit fait que rire & se iouer, regardant l'vn & l'autre, en se moquant, comme vn iuuenceau bien peu expert en tels affaires. Sur quoy requeroit prouision & ordonnance dudit sieur Commissaire. De ce ledit sieur Commissaire fut fort marri, & reprint rigoreusement ledit Secretaire: le faisant approcher de luy, & commandant qu'il eust à escrire la response desdits de Merindol, de mot à mot, sans rien en omettre. Et luymesme commença à dire la response qu'ils auoyent faicte: & souuent leur demandoit, s'ils n'auoyent point ainsi respondu. Donques les predites responses mises par escrit, ledit sieur Commissaire demanda au Baile de Merindol, s'il vouloit respondre autre chose: disant qu'ils luy auoyent bien fait plaisir, de luy remonstrer la faute de son Secretaire: & qu'il dist hardiment ce que bõ luy sembleroit, pour la defense de leur cause. A dõc le Baile luy dit, Puis qu'il vous plaist me bailler audience & congé de parler librement: il me semble qu'en ce iugement il y a grande faute: car il n'y a partie de l'accusé. Si nous auions vn accusateur present, & qu'il fust droit deuant vous, comme l'Escriture l'ordonne, pour maintenir les accusations qu'il feroit contre nous, ou souffrir en defaut de son intention, les peines deues à ceux qui sont heretiques, comme l'Escriture l'ordonne : ie pense qu'il seroit bien autant empesché de nous accuser, que nous de respondre à ses accusations. Apres la responsе faite par le Baile, Iean Palenq des plus anciens de Merindol, dit qu'il approuuoit tout ce qui auoit esté respondu par les Syndiques & Baile de Merĩdol, sans y vouloir rien adiouster. Et le Commissaire luy dit, Vous estes bien ancien, & n'auez pas tãt vescu, que vo⁹ n'ayez appris pour de vostre part respondre quelque chose, pour la defense de vostre cause. Et ledit Palenq respondit, Puis qu'il vo⁹ plaist que ie die quelque chose, il me semble qu'il est biẽ difficile que nous puissiõs auoir ne victoire ne profit en ceste cause : car nos Iuges sont nos ennemis. Apres, Iean Brunerol, Lieutenant du Baile de Merindol, respondit, qu'il voudroit biẽ sauoir la puissance de monsieur le Cõseillier Durandi, Cõmissaire en ceste cause : pourautant que ledit seigneur Commissaire leur auoit donné à entendre, qu'il auoit puissance de la Cour, pour les faire abiurer les erreurs, qu'on fera apparoistre par bonnes informations qu'ils tiennẽt : en ce faisãt, leur faire iouir des lettres & grace du Roy nostre Sire : & les quitter de toutes peines &

& condãnations. Mais il ne leur a point donné à entendre, que s'il ne ſe trouuoit par bonnes informatiõs qu'ils fuſſent en erreur, que ledit ſeigneur Commiſſaire euſt quelque puiſſance ou autorité de les quitter & abſoudre deſdites ſentences & condamnatiõs. Et à ceſte cauſe, il ſembloit qu'il y auroit plus d'auantage, & de ſoulagement pour leſdits de Merindol, ſi on faiſoit apparoiſtre qu'ils fuſſẽt heretiques, que s'il ſe conſtoit qu'ils fuſſent & veſquiſſent ſelon la ſaincte doctrine du ſainct Euãgile. A ceste cauſe il requeroit, qu'il pleuſt audit ſeigneur Commiſſaire en faire declaration: concluant que s'il n'y a informations contre eux, par leſquelles apparoiſſe que leſdits de Merindol ont eſté deuoyez de la foy: ou s'il ne ſe preſente accuſateur contre eux, qu'ils deuoyẽt eſtre abſous à pur & à plein, ſans plus les trauailler en leurs perſonnes & biens. Ces choſes ainſi debatues, depuis l'heure de ſept heures du matin iuſques enuiron onze heures, ledit ſeigneur Commiſſaire les remit à Midi apres diſner: leur commandant preciſement de venir en ſon logis, à fin que nullemẽt ils ne peuſſent communiquer de ces affaires auec les autres habitans de Merindol. Ce iour meſme enuiron vne heure apres Midi, leſdits de Merindol furent appelez: & leur fit demander, s'ils vouloyent dire autre choſe ſur ce qui leur auoit eſté le matin propoſé par ledit ſeigneur

Commiſſaire. Et reſpondirent que non. Adõc le Commiſſaire leur demanda, Que concluez vous pour vos defenſes? Les Syndiques reſpõdirent, Nous concluons qu'il vous plaiſe nous declairer les erreurs & hereſies, dõt nous ſommes accuſez. Lors ledit ſeigneur Commiſſaire demanda à l'Eueſque de Cauaillon, quelles informations il auoit contre eux. Et l'Eueſque luy parla en l'aureille, & ne voulut point reſpõdre à haute voix. Ce parlement à l'aureille dura bien demie heure : dont le Commiſſaire ſe faſchoit, & auſsi tous les aſsiſtans. En fin, le Cõmiſſaire dit auſdits de Merindol, que l'Eueſque de Cauaillon diſoit, qu'il n'eſtoit beſoin de leur faire apparoir d'information, & que telle eſtoit la commune renommée. A ce reſpondirent leſdits de Merindol, qu'ils requeroyent que les cauſes & raiſons alleguées contre eux par l'Eueſque de Cauaillon, fuſſent miſes au proces verbal. L'Eueſque inſiſte au contraire, qu'il ne veut que choſe qu'il die ou allegue, ſoit inſerée au proces verbal. Iean Brunerol, Lieutenant du Baile, demanda qu'il pleuſt au ſeigneur Commiſſaire, de faire mettre, à tout le moins au proces verbal, que ledit Eueſque ne vouloit rien dire contre eux, qu'ils puiſſent entendre: & auſsi qu'il ne vouloit parler deuant ledit ſeigneur Commiſſaire qu'à l'oreille. L'Eueſque de Cauaillon d'autre part defendoit, qu'il ne vouloit eſtre nommé mé au proces verbal: & sur ce il y eut grande dispute, qui dura long temps. Finalement ledit seigneur Commissaire adressa sa parole au docteur en Theologie, luy demandant s'il auoit eu cõmunication de quelques articles, dont il fust besoin faire remonstrance ausdits de Merindol. Le docteur respondit, qu'il auoit bien eu communication de la Confession de foy presentée par lesdits de Merindol, & non d'autre chose. Lors ledit sieur Commissaire demãda ausdits de Merindol, s'ils auoyent les articles de la confession presentée à la Cour du Parlemẽt de Prouence: & aussi celle qui auoit esté presentée audit Euesque de Cauaillon. Lesdits de Merindol demanderent, que lecture fust faite desdites Confessions: & que par la lecture ils entendront bien, si c'est la doctrine qui leur a esté enseignée: & aussi si ce sont les Confessions par eux presentées. Dont lecture leur fut faite publiquemẽt desdites Confessions: les aduouans, & confessans que telle est la doctrine qu'ils cõfessent & tiennent. Ledit seigneur Commissaire demãda au docteur en Theologie, s'il pretendoit qu'il y eust ausdites Confessions quelques articles heretiques, dont il peust faire apparoir par la parole de Dieu, tant du vieil que du nouueau Testament. Lors le docteur en Theologie parla en Latin assez long temps: & apres qu'il cessa de parler, André Mainard, Baile de Merindol, supplia le Commissaire qu'il luy pleust, selon ce qu'il leur auoit proposé, faire apparoistre des erreurs & heresies dõt ils sont accusez, par bonnes informations: ou à tout le moins qu'il luy plaise faire marquer les articles de leur Cõfession, que l'Euesque & le docteur en Theologie pretendent estre heretiques: le suppliant aussi, de mettre en son proces verbal le refus, tant de l'Euesque que du docteur: dont l'vn parle à l'aureille, l'autre parle Latin, & d'iceux lesdits de Merindol n'ont peu encores ouir vne bonne parole. Ledit seigneur Commissaire leur promit de mettre en son proces verbal tout ce qui pourroit seruir à leur cause: au surplus il remonstra, qu'il n'estoit necessaire de faire appeler les autres de Merindol, si on ne vouloit leur remonstrer autre chose qu'à ceux qui auoyent desia esté appelez. Et voila le sommaire de tout ce qui fut fait depuis Midi, iusques à quatre heures. Et ceux qui estoyent là venus, pensans voir faire quelques belles remonstrances, furent esbahis de voir l'Euesque & le docteur ainsi veincus & confus. Parquoy plusieurs furent esmeus de demander le double des articles, de la Confession des habitans de Merindol: estimãs que c'estoit la vraye doctrine de Dieu, à laquelle nul homme ne pourroit contredire. Et entre autres, les trois docteurs qui sont venus par diuerses fois, pensans destourner ceux de Merindol de la vraye

fo

foy, ont esté conueincus que c'estoit la vraye doctrine de Dieu: & ont bien cogneu qu'ils auoyent esté mal enseignez : & que la plus part de leur sauoir n'estoit que fables, & choses contraires à la saincte doctrine de Dieu. Dont ayans delaissé toutes superstitiõs & idolatries, toutes traditions humaines, & les liures des resueurs, se sont adonnez à l'estude de la saincte Escriture : & ont tant bien profité, qu'ils preschent maintenant la Verité: laquelle autre fois ont persecutée. Et l'vn d'eux estoit le docteur Gombaudi, iadis Prieur de sainct Maximin, qui est maintenant Prescheur du sainct Euangile és terres de la seigneurie des Seigneurs de Berne, au bailliage de Lausane. Et l'autre estoit le docteur Somati, qui est aussi Prescheur & Ministre au bailliage de Tonon. Et le docteur Heraudi, est Pasteur & Ministre en la Comté du Neufchastel.

DEpuis ce temps les habitans de Merindol furent quelque temps en repos, d'autant qu'vn chacun craignoit d'entreprendre de les affliger, à cause que ceux qui malicieusement les persecutoyent, finalement n'en receuoyent que confusion : comme estoit assez manifesté par la mort soudaine du President Chassanée. Et encores plus apertemẽt par la mort espouantable d'vn nommé de Roma, homme mauuais, & pl⁹ cruel qu'on ne sauroit descrire. Car il affligeoit les poures Chrestiens par tormẽs les plus cruels dont il se pouuoit aduiser. La moindre peine, par laquelle il tormentoit ces poures gens, c'estoit d'emplir des botines de graisse bouillante, & de leur faire chausser: & puis les faisoit tenir debout deuant vn grand feu, & en cela passoit son temps. Dont le feu Roy François estant aduerti, commanda par lettres patentes enuoyées au Parlemẽt de Prouence, qu'en toute diligence il fust constitué prisonnier: & sõ proces faict, qu'il fust aduerti de sa condamnatiõ. Ledit de Roma, qui auoit plusieurs complices, fut aduerti de se retirer diligemment: ce qu'il fit. Et pensant estre à seureté, delibera de faire sa demourance en Auignon: ou il pensoit faire grand' chere des rançons, extorsions, pilleries & rauissemens, qu'il auoit fait sur le poure peuple de Prouence, & du Comté de Venisse. Mais biẽ tost apres, luy qui auoit brigandé, fut pillé par ses domestiques: & mis à poureté. Apres tomba au lict malade d'vne maladie espouãtable, & incogneue aux Medecins. Horribles douleurs le saisirent: & n'y auoit fomentations ny onctions, qui y peussent seruir, pour auoir repos vne minute d'heure. Ausi il n'y eut persõne, qui peust demourer pres de luy. A cause de quoy fut mené à l'hospital, & fut recommãdé d'estre bien traité: mais nul ne s'osoit approcher de luy, pour la grande puanteur qui sortoit de son corps: tellement que sa chair cheoit par pieces

& morceaux. Et par ſon corps y auoit playes pourries, pleines de vermine. Et quelque fois diſoit auec vne rage & deſtreſſe, En quelles douleurs ſuis-ie venu, & en quel torment ſuis-ie maintenant? I'ay memoire des maux que i'ay fait aux poures gens, & des pilleries & rançonnemens: & ie cognoy bien que pour ceſte cauſe ie ſuis aſſailli de tous coſtez. Et qui me deliurera de ces deſtreſſes, en me tuãt: à ce que ie ne lãguiſſe plus en ces douleurs? Et luy meſme ne pouuant ſouffrir ſa puanteur, eſſaya plusieurs fois de ſe tuer: mais il n'auoit puiſſance de ce faire. Donc ceſt homicide & blaſphemateur, ayant affligé pluſieurs par nouueaux tormens: cõme il auoit mal traité les autres, pour la fin de ſes cruautez receut confuſion. Et le Seigneur luy rendit ainſi qu'il deſſeruoit: à fin qu'il fuſt exemple aux perſecuteurs, du iugement de Dieu, & de la vengeance qu'il fera du ſang reſpandu à tort & ſans raiſon.

Apres de Roma, le plus renommé & le plus excellent perſecuteur qui luy a ſuccedé, a eſté Maiſtre Iean Menier, ſeigneur d'Oppede, Viguier du Pape en la ville de Cauaillon au cõté de Veniſſe, & premier Preſident du Parlement de Prouence, & pareillement Gouuerneur & Lieutenant general du Roy au pais de Prouence, en l'abſence du ſeigneur de Grignan. Pluſieurs ſauent bien les moyens, par leſquels il eſt paruenu à ces offices: mais peu de

G.

gens entendent par quel moyen il a enrichi sa maison. Or apres que sõ pere Guillaume Menier fut priué de ses estats & offices, qu'il auoit en Parlement de Prouence, & qu'il eut quasi employé tout son biẽ, pour sauuer sa vie: ledit Iean Menier son fils, trouua moyen de se recõpenser de ses pertes. Et voyant que son pere ne luy auoit laissé pour tous biens, que la seigneurie d'Oppede, qui pour lors ne valloit que trente escus de rente, il s'aduisa de faire accuser par subtils moyens quatre ou cinq riches laboureurs d'Oppede, cõme estãs heretiques & Lutheriens: & les tint bien longuemẽt en ses prisons: & les fit traiter d'vne si horrible cruauté, qu'ils furent contreints (cõme on dit) de mãger leur fiente, & boire leur vrine. Et se saisit de leurs biens meubles & immeubles, sans en faire aucune part ny à leurs femmes, ny à leurs enfans, & les dechassa de leurs maisõs: lesquels se retirerent à Cabrieres, distant d'Oppede d'vne lieue. Iceux au tẽps de moissõs & de vendanges prenoyent tous les fruicts qu'ils pouuoyent emporter des possessions, qui apparte noyent à leurs peres, que ledit President auoit fait mourir: & ainsi troubloyent ledit Presidẽt ausdites possessions. Qui a esté la cause principale que ledit President a cerché tous les moyens de se venger de ceux de Cabrieres, par ce qu'il pretẽdoit que lesdits de Cabrieres donnoyent faueur aux heritiers de ceux qu'il a-

uoit

uoit fait mourir en ses prisons. Depuis ledit President, ayant la iustice en la main, comme chef du Parlement: & aussi la force & puissance du pais, comme Lieutenant du Roy en l'absence dudit seigneur de Grignan, sous couleur de l'execution de l'Arrest de contumace, donné contre ceux de Merindol, dõt a esté auparauant parlé, ledit President employa toute sa force & puissance, toute son autorité & credit, pour faire destruire les habitans de Merindol, & consequemment ceux de Cabrieres, du Comté de Venisse.

A ceste cause, lesdits de Merindol aduertis du vouloir & pouuoir dudit President, se retirerent par deuers le feu Roy, en l'an 1544. auquel ils firent entẽdre, que dés l'an 1540. sa maiesté auoit entendu l'euidente tyrãnie & nullité dudit Arrest de contumace, & auroit fait surseoir & differer l'execution d'iceluy: defendant de ne proceder à telle rigueur, comme auoit esté ordonné par ledit Arrest. Voulant au surplus, que si aucun par ignorance, ou seduction fust foruoyé de la foy, qu'il fust reduit par bonnes remonstrances faites par la parole de Dieu: disans lesdits de Merindol, que de leur part ils ont satisfait à son vouloir, & que ils se sont par plusieurs fois presentez par deuers la Cour de Parlement de Prouence, pour entendre les erreurs & heresies, dont on pretẽdoit qu'ils fussent entachez & accusez: à fin de leur en faire remonſtrance par la parole de Dieu, ainſi qu'il leur eſtoit mandé.

Et ou on leur feroit apparoir qu'il y auroit quelque erreur, ils ont offert d'y renoncer & abiurer. Auſsi s'il ne ſe conſtoit qu'ils ayẽt tenu erreur ou hereſie : qu'ils ne deuoyent eſtre moleſtez, ainſi qu'on auoit accouſtumé de faire. Surquoy ladite Cour du Parlement de Prouence auroit ordonné, qu'vn des Conſeilliers de la Cour, & l'Eueſque de Cauaillon, & vn docteur en Theologie, ſe tranſporteroyent au lieu de Merindol, pour leur remonſtrer les erreurs ou hereſies, dont on pretẽd qu'ils ſont entachez. A quoy ledit Eueſque de Cauaillon n'a voulu entendre, ne ſemblablement le docteur en Theologie : combien que de ce faire ils ont eſté aduertis par ledit ſeigneur Conſeillier & Commiſſaire, comme de tout ce conſte par le proces verbal dudit ſieur Commiſſaire. Dont leſdits de Merindol, voyans qu'on ne vouloit proceder ſelon droict & raiſon, ne ſelon la teneur des lettres du Roy, ny Arreſt de la Cour : mais que pluſieurs les oppreſſoyent & deliberoyẽt de les oppreſſer de plus en plus : ſe ſeroyent retirez par deuers le feu Roy, auquel donnerent à entendre ce que deſſus a eſté dit. Au moyen dequoy, le Roy, vſant de ſa benignité accouſtumée, euoqua à ſoy l'executiõ de l'Arreſt de contumace, auec toutes les procedures auparauant faites & introduites au Parle-

Parlement de Prouence: auquel & à son Procureur general, il interdit la cognoissance, iusques à ce qu'il eust esté informé par l'vn des Maistres des requestes de son hostel, & vn docteur en Theologie de l'Vniuersité de Paris: lequel il auroit deputé pour se transporter sur les lieux necessaires, à fin de bien & amplemẽt enquerir de la vie, foy & conuersation desdits de Merindol & autres. L'euocatiõ fut publiée au Parlement, & au Procureur general, à la fin du mois d'Octobre ensuyuant. Depuis le Parlement à l'instigation d'Oppede (comme il est vray semblable qu'il craignoit merueilleusement que ses pilleries & exactions, ses menées & factiõs ne fussent descouuertes,) deputa Philippe Courtin, Huissier du Parlemẽt, pour faire poursuitte d'obtenir lettres du Roy, pour executer l'Arrest de contumace, donné contre les habitans dudit Merindol. Et nonobstant l'interdiction, les memoires & instructions furent faites par ledit President, escrites par son clerc, auec la requeste signée par le Procureur general: mesme ladite poursuitte fut faite de deniers ordonnez audit Parlement, pour les fraix de iustice. Dont ledit Philippe Courtin, par la faueur du Cardinal de Tournon, obtint lettres du mois de Ianuier ensuyuant, sous le nom du Procureur general du Roy, au Conseil priué, pour executer ledit Arrest de contumace: nonobstant l'euocation, dont cy desſus a eſté faite mention,& nonobſtāt auſsi que ledit Arreſt fuſt ſuruenu.

Les lettres patentes obtenues pour executer l'Arreſt de contumace, furēt enuoyées audit Preſident, au mois de Ianuier 1545, qui les garda cachées iuſques au douzieme d'Auril enſuyuāt: qui eſtoit le temps bien propre pour mettre à execution ſon mauuais vouloir. Car lors pour l'abſence du ſeigneur de Grignan, il eſtoit Lieutenant general du Roy, au pais de Prouence. Et auoit puiſſance de commander à l'armée du Roy, qui eſtoit dreſſée pour aller contre les Anglois, & l'employer pour faire l'execution de ſes entrepriſes & deſtrūction de Merindol & de Cabrieres, & autres villes & villages, iuſques au nombre de vingt & deux. Et pour ce faire, ledit Preſident expedia pluſieurs commiſsions pour courir, piller, ſaccager, bruſler & tuer hommes & femmes & petis enfans des lieux nommez auſdites commiſsions, comme ſera declairé cy apres.

Le Dimāche douzieme d'Auril, l'an 1545. ledit Preſident d'Oppede fit aſſembler apres diſner le Parlement d'Aix: & par luy furent leues les lettres, pour executer l'Arreſt de contumace contres les habitans de Merindol: & ſans appeler partie quelconque, & ſans autre deliberation, ce iour meſme le Parlement les interina: & furēt deputez Commiſſaires pour executer ledit Arreſt, maiſtre François de la Fond,

Fond, ſecond Preſident, maiſtre Honoré de Tributiis, & maiſtre Bernard de Badet, Conſeilliers, & l'Aduocat Guerin, qui pourſuyuoit l'executiõ en l'abſence du Procureur general. Et outre, le Preſidẽt d'Oppede, comme Lieutenant general du Roy en l'abſence du ſeigneur de Grignan, gouuerneur, qui lors eſtoit en Alemagne, offrit d'aſsiſter en perſonne à l'execution, & d'employer les forces du Roy: leſquelles il auoit deſia leuées & aſſemblées par bandes en pluſieurs villes du pais de Prouence. Et ſi dõna moyẽ d'auoir cinq ou ſix bandes vieilles, qu'il fit venir des garniſons de Piedmont: & certaine compagnie de gens de cheual, auſsi de leurs garniſons. Ledit Preſidẽt d'Oppede, homme ſuperbe & d'vn courage malin, voulant faire cognoiſtre à vn chacun qu'il eſtoit Lieutenant du Roy, & non moins expert aux armes qu'aux lettres, fit proclamer à ſon de trõpe & cri public, pour mieux monſtrer le grand pouuoir de ſon autorité, tant à la ville d'Aix, que Marſeille & autres villes de Prouence, qu'vn chacun homme de qualité print les armes ſur peine de la hard, pour luy faire compagnie à ladite execution.

Le Lundi treizieme d'Auril en ladite année, les Commiſſaires, au lieu d'aller le droit chemin à Merindol, ou s'adreſſoit leur cõmiſſion, prindrent leur chemin à Pertuis, là ou eſtoit le capitaine Vaulgine: qui en vertu de la commiſsion à luy adreſſée par ledit Preſident, auoit deſia par l'eſpace d'vn mois & dauantage pillé le beſtail & le bien de certains villages voiſins de la ville de Pertuis, où on diſoit y auoir des Lutheriens.

Le Mardi quatorzieme d'Auril, les Commiſſaires, l'Aduocat Guerin, & le Greffier criminel partirent de Pertuis, & s'en allerent au chaſteau de Cadenet. Et pluſieurs gens de guerre venans de Piedmont, firent grans pillages & extorſions là & à l'enuiron.

Le quinzieme d'Auril, le Preſident d'Oppede arriua à Cadenet, accompagné de Capitaines & gens de guerre, & quatre cens pionniers: leſquels incontinent qu'ils furent ſortis d'Aix, commencerent à piller & ſaccager tous les villages & les granges, que le Preſident leur auoit nommées.

Le ſeizieme d'Auril, de grand matin, on voyoit de Merindol, pluſieurs villages en feu & flamme, qui eſtoit vne choſe eſpouantable. Et tous les poures gens qui pouuoyēt eſchapper, s'enfuirent à la montagne: car les gendarmes auoyent cōmandement de mettre à mort tous ceux qu'ils rencontreroyent, des villages que le Preſident auoit nommez. Parquoy, ils entroyent aux maiſons, & mettoyent tout à mort, ſans eſpargner les malades, ny anciens, ne les petis enfans. Puis ayans pillé ce que bon leur ſembloit, mettoyent le feu aux maiſons.

Apres

Apres fut crié à ſon de trompe, ſur peine de la hard, qu'il n'y euſt perſonne, qui baillaſt aucunement viures quelconques à ceux qui eſtoyēt fugitifs par les montagnes & deſerts, deſquels les maiſons eſtoyent bruſlées. Le dixſeptieme d'Auril le Preſidēt d'Oppede eſtant à Cadenet, fit approcher les bendes vieilles, qui eſtoyent venues du Piedmont: & les fit arreſter à Loris, diſtant vne lieue de Merindol. Et ce iour-là on commença à mener grand nombre de poures gens liez & attachez en galeres, ſans qu'il y euſt contre eux aucun iugement donné: meſme ſans auoir eſté appelez en iuſtice, & ſans ce que contre eux il y euſt aucunes charges ou informations.

Le Samedi dixhuitieme d'Auril, à l'aube du iour, le Preſident d'Oppede accouſtré d'armes de guerre, eſcharpé de taffetas blanc au col, monté ſur vn grand cheual, & deuant luy faiſant porter ſon heaume au bout d'vn garrot, commença à faire marcher ſon armée, ordonnée en auant-garde, bataille & arriere garde: & paruindrent à Merindol, ou ils ne trouuerent qu'vn ieune compagnon, nommé Maurizi Blanc, lequel s'eſtant rendu à vn ſoldat, auec promeſſe de luy donner le lēdemain deux eſcus pour ſa rançon, ledit Preſident le voulut auoir cōme par force. Mais il luy fut remōſtré, qu'vn ſoldat ne deuoit point perdre ſa fortune: tellement que ledit Preſident, auant que l'auoir, paya les deux escus. Lors ledit Presidẽt le fit lier & attacher à vn oliuier, & à grans coupsde harquebuses luy fit inhumainemẽt finir ses iours. Et plusieurs gẽtils-hõmes, qui accõpagnoyẽt par force ledit Presidẽt d'Oppede, voyans ce cruel spectacle, meus de misericorde, ne se pouuoyẽt garder de respandre larmes. Car combien que ce ieune compagnon ne fust pas des mieux instruits, & ne faisoit point sa demeure à Merindol: toutesfois il eut tousiours les yeux au ciel en priere à haute voix. Et la derniere parole qu'il dit, fut telle, Seigneur Dieu, ces hommes m'ostent la vie pleine de miseres: mais tu me bailleras la vie eternelle par le moyen de mon Seigneur Iesus Christ, auquel soit gloire. Merindol fut vaillamment prins, pillé, bruslé, saccagé & rasé par les pionniers. Et combien qu'il n'y eust personne, ce vaillant capitaine d'Oppede, armé de toutes pieces, trembloit: & le voyoit-on à tous propos changer de couleur.

Le Dimanche dixneufieme dudit mois, l'armée fut menée & cõduite par le President d'Oppede, à Cabrieres: & le camp planté, on commença à tirer de l'artillerie. En pour ce iour n'y eut grande bresche aux murailles.

Le lendemain vingtieme d'Auril, de grand matin on commença la batterie. Et enuiron huit heures, le President d'Oppede, & le seigneur de Cabrieres, & le capitaine Poulain par-

parlementerent auec les habitãs de Cabrieres, leur remonſtrans qu'ils ne deuoyent rebeller contre la iuſtice. A quoy fut reſpõdu par ceux de Cabrieres, que ce qu'ils faiſoyẽt ne deuoit eſtre appelé rebellion : car ils eſtoyẽt cõtreins de s'enſerrer en leur ville, à cauſe des oppreſſions qu'on leur faiſoit: & que lõg tẽps a qu'ils euſſent biẽ voulu pouuoir ſortir hors du pais, pour ſe retirer là ou il euſt pleu à Dieu les adreſſer. Toutesfois, que toutes les villes ſont pleines de gendarmes, & qu'incontinent qu'il y a quelcun qui ſe penſe retirer, il eſt ſoudain prins & bruſlé : neantmoins qu'ainſi que ceux de Merindol ont requis à monſieur le Preſident d'Oppede, deuãt meſme que l'armée fuſt aſſemblée, qu'i luy pleuſt leur permettre de ſe retirer au pais des Alemagnes, auec leurs femmes & enfans, ſans rien emporter: mais abandonner tous leurs biẽs meubles & immeubles: auſsi nous euſsions bien deſiré, que le ſemblable nous fuſt ottroyé, ou que noſtre cauſe fuſt traitée en iuſtice : ainſi qu'ils eſtoyent preſts d'obeir & faire ouuerture. Et par le Preſident d'Oppede & les Officiers du Pape, & le ſeigneur de Cabrieres leur fut accordé, que leur cauſe ſeroit traitée en iuſtice, & qu'ils ne feroyent force ne violence, s'ils vouloyent faire ouuerture. Et ſoudain l'ouuerture fut faite par ceux de Cabrieres.

Mais le tyran d'Oppede, ayant le courage

de beste sauuage, fit grande lascheté, & faussa sa promesse. Et comme aux hommes de mauuais vouloir il n'y a point de verité ne de droiture: ainsi par vilainie exorbitante ce vaillant capitaine monstra par trahison sa fureur. Car l'ouuerture faite, il fit prendre enuiron vingt cinq ou trente hommes de ceux que bon luy sẽbla, & les fit lier & mener en vn pré dessous la ville: & là furent miserablement par les soldats tuez & hachez en pieces. Le seigneur de Pourriers, gẽdre d'Oppede, estoit le plus vaillant à faire ce beau massacre: & pour complaire à son beau-pere, s'esbatoit à tuer les morts: ostãt à l'vn la teste de dessus les espaules, à l'autre coupoit bras & iambes. Apres le President d'Oppede fit prendre trente six ou quarante femmes: entre lesquelles y en auoit plusieurs enceintes: & les fit enfermer en vne grange, & puis fit mettre le feu aux quatre coings. Et quand aucunes pour fuir la flamme du feu vouloyent sortir, elles estoyent repoussées au feu à grans coups de piques & halebardes. Le seigneur de Faulcon acquist aussi grand bruit au saccagement de Cabrieres, pour les grandes cruautez qu'il exerçoit: tellemẽt que les vieux soldats de Piedmont, voyans la maniere de faire dudit Faulcon, & de semblables gẽtils-hommes, auoyent opinion d'eux, que toute leur vie ils auoyent fait le mestier de boucherie, plustost que de iamais auoir exercé l'art militaire.

taire. Apres ces choses, plusieurs furent trouuez, qui s'estoyent cachez aux caues: & furent liez deux à deux, & menez en la sale du chasteau de Cabrieres. Lors le capitaine Vallerõ, & le capitaine Iean de Gaye auec sa bande, firent belle boucherie, & choses enormes & detestables. Cela fait, les Capitaines des ruffiens d'Auignon, & brigandeaux du Comté, entrerent en l'Eglise de Cabrieres, ou il y auoit plusieurs anciens, femmes & enfans: & là aussi fut faite vne merueilleuse cruauté & occision de tous, sans auoir aucun esgard à l'aage ny au sexe. Dont le nombre de ceux qui ont esté si inhumainement meurtris, a esté d'enuirõ huit cens personnes, tant hommes que femmes & enfans. Et en signe de ceste belle victoire, les Officiers du Pape firent eriger à Cabrieres vne colõne, en laquelle firẽt engrauer l'an & le iour que Cabrieres fut prise & ruinée par maistre Iean Menier, seigneur d'Oppede, & premier President du Parlement de Prouence. Cependant que ces choses se faisoyent, ceux de Merindol estoyent par les montagnes & rochers. Car voyans qu'il y auoit vne si furieuse entreprinse contre eux, & que les gensdarmes auoyent cõmandement de mettre à mort tous ceux qu'ils rencontreroyẽt de Merindol, sans espargner personne: ils ne seurent faire autre chose, que de fuir & se cacher par les cauernes. Car deuant que l'armée fust assemblée, lesdits de Merindol presenterent requeste au President d'Oppede, par laquelle le supplioyent, qu'attendu qu'on ne vouloit proceder cōtre eux par forme de iustice, qu'il luy pleust permettre & leur ottroyer passage, pour se retirer aux villes & pais d'Alemagne, ou estoit ia faite reformation selon la doctrine de l'Euangile : selon laquelle lesdits de Merindol auoyent esté enseignez, & vouloyent viure : & qu'ils ne vouloyent, ne pouuoyent faire chose contraire à la vraye doctrine, sans danger de dānation eternelle. Parquoy desirans plus leur salut que tous les biens du monde, se submettoyent de quitter & abandōner tous leurs biēs meubles & immeubles : tant seulement qu'il leur fust permis de se retirer auec leurs femmes & leurs enfans au pais des anciens amis & alliez du Roy. A tout le moins qu'il leur fust ottroyé passage pour se retirer, n'ayās que leur chemise pour couurir leur chair : ou en telle maniere qu'on leur voudroit pouruoir. Quād le President d'Oppede eut veu & entendu le contenu de ceste requeste, il respondit, Ie say que i'ay à faire de ceux de Merīdol & de leurs semblables : ie les veux prēdre tous, sans qu'aucun puisse eschapper de mes mains : & ie les enuoyeray habiter au pais d'enfer auec tous les diables, & eux & leurs femmes & leurs enfans : & en feray telle destruction, que i'en osteray leur memoire hors des hōmes. Apres vne telle le responſe faite par ledit Preſidēt, ſemblable requeſte fut preſentée au capitaine Poulin, lequel fut aucunement eſmeu à pitié: & fut bien d'aduis qu'il valloit mieux qu'il fuſt permis à ceux de Merindol & autres, de ſe retirer pour viure ſelon qu'ils entendroyent, que d'vſer de plus grande violence, & les deſtruire tous. Parquoy le capitaine Poulin alla vers d'Oppede, pour luy communiquer de ceſt affaire: mais d'Oppede n'y voulut rien entendre. Dont le tout rapporté à ceux de la diſperſiō de Merindol, ils s'aſſemblerēt, pour cōſulter de ce qu'ils feroyent. Et en l'aſſēblée leur fut declairé, que grande armée eſtoit preparée pour les deſtruire & mettre à mort, & leurs fēmes & leurs enfans: & qu'ils n'auoyent peu obtenir du Preſidēt d'Oppede paſſage pour ſe retirer: mais au contraire, que tous les paſſages eſtoyent fermez: & y auoit garde, pour prēdre priſonniers tous ceux qui n'auoyent bon teſmoignage & certification qu'ils n'eſtoyent point de ceux qu'on appele Lutheriens. Les garniſons auſsi ſont ordōnées par les villes & chaſteaux, pour faire par tout embuſches. Et par tāt, qu'vn chacun ait à aduiſer comme il ſe deura cōduire en ceſt affaire. Or apres que les prieres furent faites, auec exhortations ſelon la ſaincte doctrine de Dieu, contenue en la Loy & aux Prophetes, & au ſainct Euangile: vn chacun bailla ſon aduis & conſeil: & les plus anciens commencerent à parler auec larmes & gemissemẽs, telles ou semblables paroles d'exhortation & aduis, chacun en son ordre, comme il s'ensuit,

Le Seigneur Dieu qui cognoit toutes choses, sait & voit ce que les hommes ont pensé & arresté contre nous : & nous ne pouuons durer deuant leur face, ny eschapper que nous ne soyons destruits & tuez, & nous, & nos femmes, & nos enfans : si ce n'est que le Seigneur Dieu ayant pitié de nous, nous deliure de la main de ceux qui nous poursuyuent. Le Seigneur est puissant: comme sa volonté sera, ainsi soit-il fait. La moindre solicitude que nous deuons auoir, c'est de nos biẽs & de nostre vie. Mais la plus grande & principale crainte que nous deuons auoir, c'est que par tormens & par infirmité nous ne defaillions en la confession de nostre Seigneur Iesus Christ, & de son sainct Euangile. Parquoy nous auons grand besoin de destourner nos yeux de ceste terre, & regarder continuellement au ciel: en veillãt incessamment, & priant qne nostre bon Dieu nous vueille donner la grace de perseuerer en la confession de sa saincte doctrine: & qu'il ne nous delaisse au mauuais tẽps : mais qu'il nous soit propice. Et quand mesme toutes les nations se destourneroyent de la vraye religion, & qu'elles consentiroyent à l'idolatrie, pour seruir aux Baalims, qu'il plaise au Seigneur nous donner la grace, que nous demourions

fermes

fermes en sa saincte doctrine: & qu'il n'y ait ne feu ne flamme, ne glaiue, pour trenchant qu'il soit, ne famine, pour grande qu'elle soit, ne bombardes ne canons, qui puissent esbranler nostre foy. Mes amis, crions à Dieu, & le Seigneur aura pitié de nous, & sera glorifié, soit que nous viuions, ou que nous mouriõs. Nous auons beau regarder vers les montagnes & cauernes. Là nous trouuerons peu de secours: mais nostre aide sera au nom de Dieu, qui a fait le ciel & la terre. Et apres vn autre Ancien parla comme il s'ensuit,

Le Seigneur Dieu nous appele à pleurs & à gemissemens. Voicy maintenant le temps de trouble & de perplexité, le temps d'oppresion & de destruction. Apprestõs-nous donc à endurer plusieurs tribulations, à mespriser la mort, & tous les assauts des hommes, qui ne nous peuuent regarder d'vn bõ œil, & ne nous peuuent endurer sur la terre. Les hommes aueuglez se sont esleuez cõtre nous, pour nous affliger par iniures, par outrages, par blasmes, detractions, fausses accusatiõs, pour nous mettre à mort, pour nous brusler, pour nous tenailler, pour nous desmembrer, & pour executer sur nous toutes manieres de tormens, & les plus cruels dont ils se pourront aduiser. Mais mourons en nostre simplicité: & le ciel & la terre seront tesmoins qu'ils nous destruisent iniustement. Comme la volonté sera de nostre

Dieu, ainſi ſoit-il fait. Et ne regardons plus en bas: mais leuons les yeux au ciel, & adreſſons tout noſtre cœur à ce grand Sauueur, noſtre Seigneur Ieſus Chriſt : & le prions ardemmẽt qu'il luy plaiſe premieremẽt de nous deliurer de nos plus grans ennemis: aſſauoir, de peché, de la mort, de ſatan & de la damnation eternelle. Et qu'il luy plaiſe auſsi appaiſer l'ire & la iuſte vengeance du Pere celeſte, à ce qu'eſtans reconciliez à luy, nous ayons la vraye paix au milieu de la guerre : & la vraye ioye, au milieu d'vne ſi horrible triſteſſe : & la vraye vie, au milieu de la mort. Que ſi le Fils de Dieu nous affranchiſt, nous ſerons vrayement francs. Et quand nous cheminerons par la vallée de l'ombre de mort, nous ne craindrons nul mal : car le Seigneur eſt auec nous : & luy-meſme a dit, Ie ne te laiſſeray point, & ne t'abandonneray point : tellement que nous pouuons dire aſſeurément, Le Seigneur m'eſt adiuteur, ie ne craindray choſe que l'homme me puiſſe faire. Car toutes choſes qui aduiennent à ceux qui aiment Dieu, ſont pour leur profit: ſoit la mort, ſoit la vie. Ne craignons point donc ceux qui tuent le corps, & ne peuuent tuer l'ame : mais pluſtoſt craignons celuy qui peut perdre l'ame & le corps en la gehenne. Mourons pluſtoſt tous, que de laiſſer la Loy & les ordonnances de Dieu, & la doctrine du ſainct Euangile. Ayons touſiours en noſtre

cœur

cœur ce que noſtre Seigneur nous enſeigne, Qui perſeuerera iuſqu'à la fin, il ſera ſauué. Vn autre des Anciẽs parla comme s'enſuit, Si nous regardons à ce que les hommes ont conclud & arreſté, la conſpiration des ennemis eſt ſi grande, que selõ raiſon humaine on ne peut comprendre qu'aucun puiſſe eſchapper, de ceux qui apertement voudront confeſſer noſtre Seigneur Ieſus Chriſt, & ſon ſainct Euangile. Toutesfois nous auons tant ſouuent dés noſtre ieuneſſe eſté enſeignez par la parole de Dieu, que ſes penſées ne ſont point comme les penſées des hommes: & ſes arreſts & ſes iugemens, ne ſont point comme les arreſts & ſentences des hommes. Car nous voyõs ſouuent, qu'il ſe moque des entreprinſes des hommes, de leurs conſeils & determinations: & change & renuerſe leurs deliberations à la confuſion de ſes aduerſaires, & de ceux qui deuorent ſon peuple, comme s'ils mangeoyent du pain. Or nous ſommes icy pluſieurs Anciens, que le Seigneur Dieu a par pluſieurs fois deliurez de grans perils: dont & de tous ſes biẽs, nous ſommes tenus de luy rendre graces. Et maintenant que deuons-nous demãder au Seigneur Dieu, ſinon qu'il luy plaiſe nous donner à tous le cœur de l'honnorer, & le craindre de tout noſtre cœur, & de mettre toute noſtre cõfiãce en luy? Et pour ce faire, qu'il luy plaiſe ouurir nos yeux, pour contempler ſes iugemens, & faire ses commandemens, & suyure les choses qui luy sont agreables, & nous fortifier par son S. Esprit: à fin que nous ne facions legierement chose contre la doctrine de son sainct Euangile, pour gagner quelq̃ petit respit de ceste vie. Car que profitera-il à l'hõme, quãd ores il gagneroit tout le monde, & qu'il face le dommage de son ame? Et quand bien nous serions deliurez des tormens des hommes, en suyuãt par simulation la maniere de viure des idolatres, nous n'eschapperons point la main de Dieu. Or il est plus à craindre de tomber entre les mains du Dieu viuant, qu'entre les mains des hommes mortels. Et que nous doit-il chaloir de viure plus, au milieu de la nation mauuaise & idolatre? Soyons appareillez de mourir constamment, & comme sera la volonté de nostre Dieu, qui est le vray Maistre, auquel est deue toute obeissance. Vn autre des Anciens suyuit ces paroles d'exhortation, & dit, Le Seigneur, qui seul peut tout ce qu'il veut, ne permettra point qu'vn seul cheueu de nostre teste tombe en terre, sans sa volonté. La principale chose que nous auons à faire, c'est qu'en general & particulier, nous soyons tousiours en prieres, à ce que le Seigneur Dieu no⁹ baille la force & la vertu de porter patiemment les tribulations, qui nous sont appareillées. Ce breuuage sera vn peu amer à la bouche: mais il en viendra vn grand profit à tout le corps: & le Sei-

Seigneur donnera bõne iſſue à toute ceſte per ſecution. Noſtre Pere celeſte ſait mieux les choſes qui nous ſont profitables & neceſſaires, que nouſ-meſmes. La chair voluptueuſe & rebelle à Dieu, a touſiours horreur de la tribulation, & ne ſe veut ſoumettre au bon plaiſir de Dieu, à fin que de nous ſoit fait ce qu'il luy plaiſt. Pour reſiſter donc à toutes tentations, prenõs le glaiue de la parole de Dieu, & croyons que le Seigneur eſt le Roy tout-puiſſant, & que toutes choſes ſont miſes en ſa puiſſance, & n'y a nul qui puiſſe reſiſter à ſa volonté. Parquoy ne ſoyons en grande triſteſſe, pour l'ordonnance & arreſt des hommes, qui ont iniuſtemẽt deliberé de nous mettre tous à mort: voire & nos femmes, & nos enfans. Car ſoyons aſſeurez, que ſi le Seigneur a ordonné de nous deliurer tous, ou aucuns de nous: que nul ne luy pourra reſiſter. S'il luy plaiſt que nous mourions tous, ne craignõs point. Car il a pleu à noſtre Pere nous donner vne autre habitation, qui eſt le royaume celeſte. Cerchons ceſte cité permanente & eternelle, en laquelle n'y aura point de mutation, poureté, miſere, larmes, pleurs, dueil ou triſteſſe: mais felicité & beatitude eternelle. Cependant il nous faut boire du breuuage que le Seigneur nous a preparé, vn chacun ſelon ſa portiõ: mais les meſchans beuuront & aualleront la lie, qui leur ſera merueilleuſement amere, voire & auſsi qui les eſtranglera. Reſiouiſſons-nous en nos tribulations, ſachãs que noſtre triſteſſe ſera tournée en ioye: & à noſtre tour nous rirons, quãd les meſchans ploreront & grinceront les dens. Vn autre de la compagnie adiouſta ce qui s'enſuit, Le Seigneur Dieu par tribulations fait l'eſpreuue de ſes vrais diſciples, & de ceux qui ont bien apprins en ſon eſcole ceſte leçon, qui eſt bien dure: mais elle eſt veritable, Si quelcun veut venir apres moy, qu'il renonce & abandonne ſoy-meſme, & porte ſa croix, & me ſuyue. Parquoy tous ceux qui viennent au ſeruice de Dieu, qu'ils ſe preparent à tentation & à tribulation. Car tous ceux qui veulent viure fidelement en Ieſus Chriſt, ſouffriront perſecution. Mais les mauuais hommes & decepteurs profiteront en pis, abuſans & eſtans abuſez. Et au liure de Iudith il eſt dit, que tous fideles qui ont pleu à Dieu, ſont ainſi paſſez par pluſieurs tribulations. Si ainſi eſt donc, que par icelles tribulations il nous faut entrer au royaume de Dieu, le Seigneur monſtre bien qu'il a le ſoin de nous. Iettons donc en luy tout noſtre ſouci, ſachans qu'il y a temps de naiſtre, & temps de mourir: & que le Seigneur, qui ſeul baille la vie, a l'empire ſouuerain ſur la mort. Mettons-nous donc en ſa ſauuegarde & protection, & nous ne craindrõs point choſe que l'hõme nous puiſſe faire. Voila en ſubſtance vne partie des propos que les Anciens ont

ont tenu en ceste assemblée. Car ce seroit trop longue chose, de vouloir descrire tout ce qui a esté par eux dit & proposé auec cõstãce, en vne si horrible desolatiõ. Nous pouuõs aussi escrire quelques propos qui s'ensuyuirent, & furent auancez apres les consolations susdites, par les ieunes gens, comme s'ensuit,

Nous sommes enseignez par la parole de Dieu, que nous prenions garde, qu'aucun de nous ne soit affligé comme meurtrier, ou larron, ou conuoiteux des biens d'autruy : mais que si aucun est affligé comme Chrestien, qu'il n'en ait point de honte: ains qu'il glorifie Dieu en ceste partie. Car le Seigneur nous enuoye les afflictions, pour nous humilier, & esprouuer nostre patience : pour nous faire cognoistre nos pechez, & luy demander merci, à fin qu'il ait pitié de nous. Nostre bõ Pere ne nous traite pas selon nos pechez, & selon que nous auons merité. Et combien que ceux qui nous affligent, ne le facent pour autre chose, que pource que nous ne voulons point delaisser la Loy & les ordonnãces de Dieu: ains que nous luy voulõs seruir selõ la doctrine de son sainct Euangile : toutesfois nous considerons que nous pouuons estre cause du mal, pour les offenses que nous auons commises & commettons iournellement contre nostre bon Pere & Maistre. Parquoy nous auons besoin de prieres ardentes, pour demander merci & misericorde, pour obtenir grace, que nous puissions ployer nostre col sous le ioug de Dieu. Quelques autres ieunes gens en la mesme congregation parlerent comme s'ensuit, Nous ne deuons pas auoir honte, de nous estimer malheureux, d'estre de la race de ceux qui ont tousiours esté subiets à persecution : veu que l'Escriture dit, que bien heureux sont ceux, qui souffrent persecution pour iustice: car le royaume des cieux est à eux. Vous estes bien-heureux, quand les hommes vous auront outragé, & vous auront persecuté, & dit toute mauuaise parole contre vous, en mentant à l'occasion de moy. Esiouissez-vous & ayez liesse: car vostre loyer est grand és cieux. Aussi pour nostre consolation nous deuons bien imprimer en nostre cœur l'histoire de la foy de Moyse: lequel estant ia grand, refusa d'estre nommé fils de la fille de Pharao, eslisant plustost estre affligé auec le peuple de Dieu, que d'auoir pour vn peu de temps iouissance de peché : estimant l'opprobre de Christ plus grande richesse, que les thresors d'Egypte. Le Seigneur Dieu nous doint la grace de nous arrester & estre fermes en sa saincte doctrine : & qu'il ne permette iamais que nous soyons seduits par ceux qui nous voudront enseigner autre langage, que la doctrine du sainct Euangile ne contient. Aussi qu'il luy plaise nous eslongner de tous ceux qui tascherõt à nous deuoyer hors de la droite

voye

voye, laquelle nostre Seigneur Iesus Christ nous a monstrée par sa saincte parole. Qu'il plaise aussi à nostre bon Dieu nous faire la grace, s'il luy plaist nous retirer à soy, que ce soit sans regret des biens & voluptez de ce monde: mais que nous considerions le bon eschange que nous ferons, estans separez de ce monde, pour aller en la saincte montagne de Sion, en la saincte cité de Dieu, en la compagnie des Anges & des esleus de Dieu, en toute beatitude & felicité. Aussi si c'est le bon plaisir de Dieu, de nous deliurer de la sentence de mort donnée contre nous, que ce soit pour seruir à son honneur & gloire.

En ceste sorte le residu de la dispersion de Merindol se fortifioit: & auec telle vehemence d'ardeur embrassoit les ꝓmesses du Seigneur, qu'il n'y eut personne en la congregation, qui ne donnast consentement aux exhortatiõs des Anciens, auec propos & deliberation constante d'endurer plustost les horribles menaces des ennemis, & toute cruauté & derniere oppression, que de donner aucun semblant d'abiuration. Or pour confirmatiõ plus ample des choses cy dessus descrites, & specialement pour donner à cognoistre de quelle cruauté ont vsé les ennemis, nous auons icy inseré vne Epistre digne de memoire, escrite par vn certain personnage, qui estoit en la compagnie dudit d'Oppede: lequel a fidelemẽt reduit par escrit toute la procedure & derniere execution tenue en cest affaire, comme ayant esté spectateur d'icelle.

MOnsieur le Maistre, ie n'ay failli vous escrire la presente, pour vous faire entendre que l'Arrest de Merindol a esté cruellement & excessiuement executé: non pas seulement sur ceux qui estoyent condamnez, mais sur plusieurs lieux circonuoisins, sans aucune forme de iustice. Il vous doit souuenir comme à moy, que dés l'an mille cinq cens trẽteneuf, douze ou treize poures paisans, laboureurs ignorans, furent par contumace declairez par arrest du Parlemẽt d'Aix, heretiques, condãnez à estre bruslez, & tous leurs biens confisquez. Et par mesme arrest fut dit contre ceux qui n'ont point esté ouis & appelez, que tout le lieu de Merĩdol seroit rasé & deshabité. Or le Roy, Seigneur nostre, en fut lors aduerti: qui trouuant cest arrest fort estrãge & inique, vsa de sa clemence accoustumée, suspendant l'execution dudit arrest. Et fit pardon general à tous ceux qui voudroyent abiurer. Aucuns de ces poures gens seroyẽt venus en personne presenter leurs requestes au Parlement, à fin d'estre ouis sur les cas dont ils estoyent chargez. Ce qu'ils n'ont iamais peu obtenir, cõme i'ay seu: & vouloit-on qu'ils abiurassent, sans estre autrement ouis, & confessassent pleinement ce dont ils estoyent chargez & condamnez

nez par contumace. Ceux-là voyãs qu'on leur faisoit iniustice, se seroyent retirez en leurs maisons. Les autres sont encores absẽs du pais, & les autres sõt morts. Vous sauez cõme moy, que Merindol est situé pres de la Durance, du costé deuers Cauaillõ, distãt du lieu d'Oppede vne lieue & demie ou enuiron : de là ou est seigneur maistre Iean Menier, nostre premier President de Prouence: qui a fait mourir de faim en sa cisterne cinq ou six poures paisans ses suiects : ausquels il a fait à croire qu'ils estoyent Lutheriens & Vaudois: à fin d'auoir leurs biens & heritages, qu'il a prins en sa main pour augmenter sa seigneurie, qui estoit auparauant peu de chose. Ces poures gens ainsi trespassez, ont delaissé des enfans, qui sont deuenus grans, qui ont des amis & parens à Cabrieres, voisin d'vne lieue dudit d'Oppede: qui ont dõné quelques courses & carrieres audit Menier, allant & retournant dudit lieu à Aix. Lequel pour se venger d'eux auroit troué moyen d'estre Lieutenant du Roy en ce pais de Prouence, en l'absence de mõsieur de Grignan, cependant qu'il sera en Alemagne. Et pour paruenir par ledit Menier à ses vengeances, non pas seulement contre ceux de Cabrieres, mais de plusieurs autres lieux: a forgé vne mẽterie, qu'il a escrite au Roy, luy faisant entendre que ceux dudit Merindol, & d'autres lieux leurs voisins, iusqu'au nõbre de douze ou quinze mille hommes s'estoyent mis aux champs en armes, l'enseigne desployée, en deliberation de prendre d'emblée la ville de Marseille, & d'en faire vn Canton des Suisses. Et que pour remedier à leurs entreprinses, il falloit executer ledit Arrest *manu militari*. Ie vous laisse penser, si c'est vne ville aisée à prendre d'emblée, & sãs mitaines. L'Empereur & mõsieur de Bourbon par deux fois y ont mené leur forces par mer & par terre, ou ils n'ont riẽ gagné. Le Roy ne pense iamais qu'on le trompe: dont il luy aduient souuent grandes pertes. Croyant que ceste menterie fust verité, a ordonné par lettres patentes d'executer ledit Arrest de Merindol, & d'y employer ses forces, auec Poulin, ban & arriereban du pais, auec bandes de Piedmont, qui descendoyent pour s'embarquer audit Marseille, pour faire le voyage d'Angleterre. Quand ce menteur & trompeur de President (ie le vous puis dire & nommer tel, d'autant qu'il a trompé le Roy) eut receu les lettres pour executer ledit Arrest de Merindol, ou il n'y auoit plus que deux ou trois de ceux qui auoyent esté condamnez: delibera d'y aller en personne & en armes, cõme Lieutenant du Roy, pour donner force au second Presidẽt de Fonte, qui ne luy sert que de laquais, & aux Conseilliers de Tributiis & de Badet: lesquels il auoit deputez Cõmissaires & executeurs dudit Arrest, à la grãde pour-

suitte

ſuitte & inſtance du Procureur general Pyolanq, qui s'abſenta pour lors de ladite ville, à fin de donner occaſion d'y faire aller l'Aduocat general Guerin, homme de bien, de grand ſauoir & experience, & autant eſtimé qu'il eſt poſsible (comme vous ſauez:) qui s'excuſa plu ſieurs fois d'aſsiſter à ladite execution, en me diſant que le Roy eſtoit trompé par ledit President, & que pour verité tant à Merindol, qu'ailleurs dedens le pais, il n'y auoit aucune aſſemblée de gens. Et la verité eſtoit telle, comme moy & plus de quatre vingts perſonnes auons veu au diſcours des exploits qui ont eſté faits. Ce nonobſtant, quelques excuſes que ledit Aduocat peuſt faire, il a eſté contreint par menaces d'y aſsiſter: & ſay bien qu'il luy fut dit, que s'il ne s'appreſtoit pour marcher auec la compagnie, qu'on eſcriroit au Roy, qu'il ne tenoit qu'à luy que ledit Arreſt ne fuſt executé. Qui a eſté cauſe de le faire marcher auec leſdits gens de longue robbe deſſuſdits, qui partirent dés Lundi treizieme iour d'Auril dernier paſſé. Moy eſtant touſiours en la compagnie, allaſmes cedit iour dormir à Pertuis: ou nous trouuaſmes les Capitaines de la Brute & Vozioine, auec quelques gens de pied. Le Mardi allaſmes diſner à Cadenet, ou on deuoit attendre ledit Preſident d'Oppede, qui eſtoit demouré à Aix, pour s'en venir en equippage auec ledit Poulin: qui deuoit amener des gens, tant d'Aix que de Marſeille, & ſe trouuer tous à Pertuis le Mecredi enſuyuant : ou auſsi les bandes de Piedmont ſe deuoyēt trouuer. Cependãt ie laiſſay à Cadenet ceux de longue robbe, & m'en allay à Aix, ou il n'y a quatre lieues: à fin de voir en quel equipage venoit cedit Preſident, qui penſoit que ledit Poulin le deuſt accompagner. Ce qu'il ne fiſt, pource qu'il s'eſtime plus noble & dauãtage que le Preſident, qui eſt fils d'vn Iuif d'Auignon. Et s'en alla deuant l'attẽdre à Pertuis. Et quand cedit Preſident ſe vid ſans ledit Poulin, il monta à cheual bien armé, fors qu'aux iambes & à la teſte, bien demonſtrant que ce n'eſtoit pas ſon meſtier que de la guerre. Aux deux coſtez dudit capitaine Preſident, pour renforcer ſa magnificẽce, eſtoyēt les ſeigneurs de Pourriers & de Lauris ſes gendres, qui luy ſeruoyent de Conſeilliers: qui reſſembloyent bien compagnons pour veincre flaſcõs & bouteilles. Apres marchoit le Iuge d'Aix, maiſtre Iean Meram, capitaine des enfans de la ville: lequel en lieu d'vn bon courſier, eſtoit monté ſur vne mulle noire, qui eſtoit ſi fort chargée, que ſa mulle ne le pouuoit porter : & eſtoit ſi fort empeſché, qu'il n'euſt ſeu tuer vn ciron. Et en la trouppe des pionniers Nicolas Thibaut, marchant de Cruſſon, marchoit en bon ordre, comme capitaine bien experimẽté : faiſant auant-garde & arrieregarde des pionniers

en

en l'art de tauernerie. Et ledit Iuge estant hors la porte de ladite ville d'Aix, pour voir l'ordre & equipage dudit President, vint au deuant de luy vn messager, qui luy presenta vnes lettres: & en ouurant icelles, sa mulle oyant le bruit du papier, hausse la queue & baisse les oreilles, & fit vne ruade, se deschargeant de son maistre: qui receut si grand saut, que lon pensoit qu'il fust mort: qui luy fut vn mauuais augure, comme vous verrez cy apres. Et allasmes en ceste belle ordonnãce, vne partie par Pertuis, & les autres passerent la riuiere de la Durance, au port de Cadenet. Et ledit President auec vne partie de ses gens, vint trouuer le capitaine Poulin audit Pertuis: & de là print sõ chemin à Cadenet, ou les gens de son conseil l'attendoyent au disner. Or durant ledit disner, arriua audit Cadenet ledit capitaine Poulin, lequel ne se contentoit point dudit President: & croy que c'estoit de quelque enuie & grandes pratiques, que lon chargeoit ledit Poulin auoir faites à l'enuitaillement des galeres & nauires, qu'il conduisoit en Normandie. Toutesfois apres leur disner se retirerent en vne chambre, pour tenir conseil, ou estoit ledit second President, & le Cõseillier Badet. Le Cõseillier de Tributiis, & ledit Aduocat ne s'y voulurent trouuer: & me fut dit par ledit Aduocat, *Beatus vir qui non abiit in consilio impiorum:* & que certainement il feroyẽt quelque grãde follie & outrage irreparables. Car chacun sauoit bien qu'il n'y auoit aucune assemblée de gens aux champs, cõme il auoit escrit au Roy. Et apres que ledit conseil fut tenu par lesdits Scribes & Pharisiens, ledit Poulin s'en retourna à Pertuis. Et puis le lendemain du matin commença à mettre le feu és villages de Cabrierettes, Pupin, La mote & sainct Martin, qui appartiennent au seigneur de Cental, enfant pupille: ou ils commencerent à faire les premieres cruautez. Car la plusspart des poures laboureurs, sans resistance furent tuez & meurtris, femmes & filles violées, femmes grosses & petis enfans nais & à naistre, tuez & meurtris: les mãmeles à plusieurs fémes couppées, qui allettoyent leurs petis enfans, mourans de faim, ioignans les mammeles de leurs meres, qui estoyent mortes. Et ne fut iamais veu vne telle cruauté & tyrannie. Tout a esté pillé, bruslé & saccagé. Et a ledit d'Oppede fait prendre & enuoyer aux galleres dudit capitaine Poulin, plus d'huit cens hommes de ces poures paisans, comme s'ils eussent esté infideles. Aucuns soldats tenoyent de ces poures gens prisonniers comme esclaues, qui les offroyent à vendre & deliurer pour vn escu la piece. Ie vous aduise bien que ledit seigneur de Cental a perdu dix mille liures ou enuiron. Et si ay oui dire en bon lieu, que cela a esté par grande vindication & mauuaise haine ne, à raison de ce que la dame de Cental n'a voulu consentir à faire alliance, & donner sa fille en mariage à quelcun des parties dudit President. Et puis apres le Ieudi ensuyuant, ledit President voyant le feu és lieux dessusdits, monta à cheual, deliberé d'en faire autant aux autres lieux voisins: estât accompagné dudit second President, & de Badet conseillier, & autres: ayans desir d'executer ses vengeances, ou ledit Aduocat & le côseillier de Tributiis ne voulurent aller: & s'estoyent cachez & retirez à part au iardin dudit lieu, de peur d'y aller, considerans la mauuaise intention dudit President. Ce nonobstât il n'y eut ordre qu'ils demourassent, & furent contreints de suyure le President: qui fit brusler les villages de Lormarin, Ville-laure, & Trezemines, ou nous ne trouuasmes aucune personne. De l'autre costé de la Durance estoit le seigneur de Roque, parent dudit President, & autres de la ville d'Arles, qui bruslerent Gensson, & la Roque: ou aussi n'y auoit personne. Ie le vous puis asseurer: car ie l'ay veu. Le Vendredi ensuyuant bandes de Piedmont arriuerent, pour aller embarquer à Marseille, pour faire ledit voyage de Normandie: & passerent par ledit lieu de Cadenet, ou ils firent grans maux: & de-là allerent loger à Lauris, qui est au gendre dudit President, qui fut bien gardé toute la nuict. Et le Samedi matin à l'aube du iour, ledit President, & les gens de longues robbes, desflogerent dudit Cadenet, & s'en allerent droit audit lieu de Lauris, ou estoit ledit capitaine Poulin, auec toutes les bãdes de Piedmont: & commencerent à marcher en bataille, passans sans grande crainte de personne par ledit bois de Lauris, qui dure deux lieues, iusqu'audit Merindol: ou nous arriuasmes enuiron neuf heures du matĩ, & n'y trouuasmes qu'vn ieune paisant idiot, qui fut presenté audit President: lequel l'interrogua sur les articles de la foy. Lequel, pource que ledit poure innocent ne luy seut respõdre à son desir, il declaira heretique. Et sur l'heure le fit attacher contre vn arbre, & tirer de haquebuttes, en disant par ledit President, qu'il faisoit ladite executiõ, pour exẽple à ceux dudit Merindol. Helas, quel exẽple deuoit-il faire audit lieu, ou n'y auoit personne? Or en ce village de Merindol y a plusieurs balmes, autrement cauernes, en la montagne: ou plusieurs fẽmes, filles & petis enfans s'estoyent cachez & retirez, que plusieurs soldats (nõ pas de vieux soldats) venãs de Piedmõt, vouloyẽt tuer & meurtrir. Toutesfois on ne les toucha point, sinon à quelques pillages de leurs biens. Ledit President se trouua pour lors biẽ estonné, voyant sa menterie descouuerte, de ne trouuer homme quelconque de resistance: lequel en faisant du hardi, fit mettre le feu par tout le village, ou il y auoit plus de deux cens mai-

maiſons, qui furent toutes bruſlées, n'y demeura aucunes murailles. Ie ne vy iamais tant de chats courir, pour ſe ſauuer du feu, ne tant de gens à la chaſſe des chats, comme il auoit audit lieu. Ceſte execution fut faite & acheuée enuiron midi: & à la fin d'icelle arriuerent audit lieu aucunes bandes à cheual, d'Aix & d'Auignon, pour donner ſecours: dont il n'en eſtoit beſoin. Car tout ce poure peuple s'en eſtoit fui és montagnes çà & là, comme gens ſauuages, mourans de faim. Dont le Roy, s'il en ſait la verité, fera faire la iuſtice de ladite cruauté. Ledit Aduocat pour l'heure ſe vouloit deſrober, & s'en retourner au lieu d'Aix, apres ladite execution de Merindol, me diſant que ladite commiſsion ne s'eſtendoit que iuſques audit Merindol ſeulement. Toutesfois ledit Preſident le perſuada d'aller au lieu d'Oppede, en ſadite maiſon, auec ledit ſecond Preſident, & les Conſeilliers deſſuſdits, pour voir de là faire donner l'aſſaut audit lieu de Cabrieres: en luy diſant, que s'il s'en retournoit ſeul auec ſes gens, & que les fugitifs des villages deſſus nōmez le rencōtroyent, il pourroit eſtre en danger de ſa perſonne. Cela le perſuada d'aller audit lieu d'Oppede, & ſuyuit ladite compagnie. Et eſtoit le Samedi au ſoir que ledit Preſidēt, ledit capitaine Poulin, & la pluſpart des bandes logerent audit Cauaillon: & les autres allerent mettre le ſiege deuant Cabrieres, d'vn double canon & d'autres pieces d'artillerie. Le Dimanche matin, qui estoit le quinzieme de Pasques, l'artillerie commença à faire la batterie à quatre heures: & ne cessa iusques à la nuict, qu'elle n'auoit fait bresche pour passer vn asne. Le mesme iour ledit President & le capitaine Poulin, enuiron midi partans dudit Cauaillon, allerent voir ledit siege. A la rencontre desquels allerent ledit second President & les deux Conseilliers: ou ledit Aduocat ne voulut aller, qui demeura seul audit Oppede: & croy qu'il fit sagement, pource qu'en la troupe des gens de lõgues robbes, fut tiré vn coup de haquebutte. I'estime que c'estoit à luy que lon adressoit ceste pillule, nõ pas en haine de ceste execution: mais pour autres causes que vous pouuez sauoir. Car ie suis bien seur que ledit Aduocat estoit marri, & auoit grans regrets desdites cruautez & tyrannies. La nuict furent faites approches de l'artillerie plus pres de la ville: qui recommença le Lundi matin à faire la batterie: tellement que du premier coup, elle fit grand dommage au comble de la maison du seigneur d'iceluy lieu, qui estoit au mesme siege deuant sadite ville: qui s'approcha de la muraille, & parlementa à sesdits suiets. Or il n'y auoit dedens en resistance que soixante paisans. Desquels Estienne le Maroul, gentil galand, estoit le chef & conducteur: qui auoit fait plusieurs petis per-

tuis

tuis en la muraille, par lesquels il tiroit souuent à nosgens sans faire faute. Il y auoit aussi trente femmes ou enuiron, qui leur administroyēt leurs necessitez. Le surplus des autres hommes, s'estoyent cachez & retirez dedens leurs caues: & les femmes, filles & petis enfans, en l'eglise. En ce parlement ledit seigneur de Cabrieres, apres toutes remonstrances par luy faites, leur promit la vie & leur biens sauues: & de les faire ouir en iustice. A quoy ils s'accorderent: & aussi ledit President leur promit & accorda. Au moyen de quoy, tout incontinent ledit Maroul auec ses compagnons & lesdites femmes, qui leur administroyent, sortirent hors de la ville, sans armes. Sur lesquels incontinent ledit President & sesdits gendres, & autres de leur deuotion coururent sus, en sorte qu'ils tuerent & taillerent en pieces trente de ces poures paisans. Les autres furēt prins prisonniers & menez à Marseille, à Aix, & Auignon. Les trente femmes, dont la plufpart estoyent grosses, furent mises & enfermées en vne grange, ou lon mit le feu pour les brusler. Ces poures femmes crioyent si piteusement, qu'vn soldat fut curieux de les voir, & leur ouurit la porte. Lesquelles, comme elles sortoyēt à la foulle, ledit President fit tuer & mettre en pieces: & iusques à faire ouurir les ventres des meres, & fouler aux pieds les petis enfans estans dedens leurs ventres. Cependant que cela ſe faiſoit, aucuns ſoldats d'Auignon, qui vouloyent piller la ville, entrerent és maiſons, ou ils trouuerent pluſieurs de ces poures hommes cachez en leurs caues, ſur leſquels ils commencerent à crier, Tue, tue. Les autres, qui eſtoyent hors de la ville, entrerent dedens, & tuerent tous les hommes qu'ils pouuoyent rencontrer. Ledit Preſident ſe monſtra grand tyran, cruel, peruers, inhumain, pire que ne fut onc Herodes: commandant publiquement au capitaine Iean de Gaye, qu'il entraſt auec ſes gens en l'egliſe dudit lieu, & qu'il tuaſt toutes les femmes & enfans qu'il trouueroit dedens ladite egliſe. Ce que ledit capitaine ne vouloit faire, remonſtrant audit Preſident, que ce ſeroit vne cruauté non vſitée en la guerre. Et d'autant que le Roy & ſes Lieutenans n'en auoyent iamais vſé, qu'il ne deuoit s'entremettre de ce faire. Mais ceſte remonſtrance deſpleut audit Preſident tyran, Iuif, & archityran: qui commanda derechef audit Capitaine, ſur peine de rebelliō & deſobeiſſance au Roy, de faire ladite execution. A quoy ledit Capitaine de craĩte d'eſtre reproché rebelle, obeit, & entra auec ſes gẽs en ladite egliſe, où ils tuerẽt toutes les femmes, filles & petis enfans qu'ils peurent trouuer, qui eſt choſe contre Dieu & raiſon. Ledit Aduocat arriua audit lieu ſur la fin, pour voir ce que lon faiſoit. Lequel ſauua trois petites garces, qu'il enuoya promptemẽt au-

auditlieu d'Oppede. Et le iour mesme desp̃eſcha vn paiſant, pour les enuoyer audit Aix, à ſa femme. Auſsi ſur la fin d'icelle cruelle execution y arriua le ſeigneur de la Coſte : qui pria ledit Preſident ſon parent, de ne luy enuoyer aucunes bandes audit lieu de la Coſte : luy offrant mener audit lieu d'Aix tous ſes ſuiets priſonniers, en telle ſorte qu'il voudroit : & de faire tãt de breſches à la muraille, qu'il voudroit : leſquelles il auoit deſia commencées, pour demonſtrer que perſonne ne vouloit faire reſiſtance. Ce que ledit Preſident luy accorda : neantmoins en derriere il luy enuoya trois enſeignes : leſquelles ſans aucune reſiſtance bruſlerent quaſi tout le village, & tuerent pluſieurs paiſans. On fit auſsi pluſieurs violences de filles & de femmes : & finalement tout a eſté pillé, bruſlé & mis à ſac. Le ſemblable a eſté fait en pluſieurs autres lieux circonuoiſins. Et croy qu'il auoit deliberé de mettre en ruine tout le pais de Prouence. Ie laiſſay audit lieu de la Coſte, les gens de longue robbe, qui s'en allerent loger en la ville d'Apt : & de là ie reprin le chemin de Cauaillon, deſirant voir la fin de ceſte meſchante entrepriſe. Et moy eſtant arriué audit lieu ſur le ſoir, Dieu y demonſtra vn commencement de iuſtice Diuine. Car il s'eſmeut debat entre Loys de Vaine, beau-frere dudit Preſident, & le frere & le gendre de Pierre Durant, maiſtre bouchier de la ville d'Aix:& aduint tellement, qu'ils s'entretuerẽt. Le Mardi matin ie vy le President d'Oppede, qui cõduisoit les trois petites filles que ledit Aduocat auoit sauuées audit lieu de Cabrieres, pensant ledit paisant les mener en ladite ville d'Aix:ce que ledit President ne voulut souffrir, ains les fit oster audit paisant. Ie ne say qu'il en a esté fait. Aussi le Conseillier de Lauris, beau fils dudit President, print & osta au paisant les lettres que ledit Aduocat escriuoit à sa fẽme, ou il y auoit ces mots escrits esdites lettres, Ie ne vo⁹ sauroye mander q̃ chose pitoyable, & de grande cruauté. Lesquels mots ledit Conseillier faisoit lire en maniere de moquerie, à plusieurs qui estoyent en sa compagnie. Et le mesme iour ledit Iuge de la ville d'Aix, estant en son retour, passant la riuiere de Durãce, se noya: ou Dieu demõstroit desia de sa bonne iustice. La derniere vengeance de ceste execution sous couleur de iustice, que fit ledit President, a esté, que maistre Pierre Ioannis, & Iean Rabier Iuge de sainct Maximin, sont allez au lieu de Tourreuets, ou ils prindrent les Consuls & principaux de ladite ville, pour haine & vengeance, à raison qu'ils ont procés cõtre le beau frere dudit Presidẽt. Et ont fait mener lesdits poures gẽs prisõniers en galeres par force, sans forme de iustice. Les autres ont esté rançonnez & composez: chacun peut cognoistre que c'est vser de vengeance ce. Ie vous aduerti que vostre maistre, mōsieur de Grignan, a mauuais bruit par deça, de s'estre reconcilié auec ce Iuif de President, & de l'auoir fait son Lieutenant. Et dit-on que c'est de peur qu'en son absence ledit President ne mette en auant contre luy plusieurs cas, qu'on luy met sus. Et croyez que ledit Aduocat, qui est mandé d'aller en Cour, l'entend bien: & sait la verité de tout le faict. Ie vous dy ceci, pour en aduertir mondit seigneur vostre maistre. Et proteste en tout ce que ie vous rescri, *non recedere à fide catholica*, ne dire chose qui preiudicie au Roy. Car ie suis bien asseuré, que si le Roy sait les cruautez dessusdites, il en fera faire bonne iustice. Et n'y a plus autre chose que ie puisse escrire, sinon que iamais ne fut veu faire si grande tyrannie & cruauté.

Pour plus ample attestation de tout ce que dessus, & aussi de ce qui est ensuyui, nous auons icy mis vne coppie des lettres du Roy Henri, contenãtes adiournement & clauses d'euocation de la cause desdits de Cabrieres & de Merindol.

HEnri, par la grace de Dieu Roy de Frãce, au premier nostre Huissier, salut. Nostre Procureur en nostre grand Conseil, par nous constitué procureur és procés cy apres mentionnez, nous a fait dire & remōstrer, que l'an mille cinq cens quarante, le dixhuitieme iour de Nouembre, fut donné en nostre Cour de Parlement de Prouence quelque iugement, que lō a voulu dire & appeler l'Arrest de Merĩdol:par lequel 14.ou 16.particuliers y denõmez, habitans de Merindol, furent condamnez par defauts & contumaces à eſtre bruſlez cõme heretiques & Vaudois:& ou ils ne pourroyent eſtre apprehendez,eſtre bruſlez par figure. Furent leurs femmes,enfans & filles deſfaits & abandonnez : & ou ils ne pourroyent eſtre pris, furent dés lors declairez bannis, & leurs biens confiſquez: choſe notoirement inique & contre tout droict & raiſon. Et combien que les autres habitans dudit Merindol n'euſſent eſté ouis ny appelez:toutesfois par le meſme iugement fut dit, que toutes les maiſons dudit Merindol ſeroyent abbatues, & le village rendu inhabitable. Et en l'an cinq cens quarantequatre, leſdits habitans ſe retirerent par deuers feu de bonne memoire le Roy dernier decedé noſtre pere, que Dieu abſolue,& autres qu'on maintenoit heretiques: qui diſoyent que contre verité on les vouloit dire Vaudois & heretiques. Obtindrent lettres de noſtredit feu ſeigneur & pere, auquel ils firent entendre qu'ils eſtoyent iournellemẽt trauaillez & moleſtez par les Eueſques du pais,& par les Preſidens & Conſeilliers de noſtre Parlement de Prouence, qui auoyent demãdé leurs confiſcations & terres, pour leurs parens: leſquels par ce moyen les vouloyent chaſſer du pais:ſupplians noſtredit feu pere, que lon s'enquiſt de la verité. Surquoy il euſt ordonné, qu'vn qu'vn maistre des Requestes,& vn docteur en Theologie se transporteroyent sur les lieux, pour s'enquerir de leur maniere de viure. Et par ce que promptemẽt ledit seigneur n'y pouuoit enuoyer, il auroit cependãt euoqué à luy tous les procés pendãs pour raison de ce: & en auroit interdit toute cognoissance aux gens de nostre Cour de Parlement de Prouence. Laquelle euocatiõ eust esté signifiée à nostredite Cour le vingtcinquieme d'Octobre ensuyuãt. Qui irritée du cõtenu en icelle, auroit enuoyé deuers ledit feu Roy vn Huissier, poursuyure lettres de reuocation, qu'il auroit obtenues le premier iour de Ianuier ensuyuãt: par lesquelles, sur ce que lon auroit fait entendre audit feu seigneur Roy, qu'ils estoyent en armes en grande assemblée, forçans villes & chasteaux, eximans les prisonniers des prisons, & rebellans à la iustice, & la tenant en suiection, ledit feu seigneur permet executer les arrests dõnez contre eux, reuocant sesdites lettres d'euocation, pour le regard des recidifs, non ayãs abiuré. Et ordõna que to⁹ ceux qui se trouueroyẽt chargez & coulpables d'heresie & secte Vaudoise, fussent exterminez : & qu'à ceste fin le Gouuerneur du pais ou son Lieutenant, y employast ses forces, pour faire que la iustice fust obeye. Lesquelles lettres ne furent signifiées, mais gardées iusques au 12. iour d'Auril ensuyuãt, qui estoit le iour de Quasimodo : leq̃l iour apres disner, le premier Presidēt maistre Iean Menier, fit assembler ladite Cour, & fit que nostre Procureur presenta lesdites lettres, & requit l'execution dudit pretendu Arrest du dixhuitieme de Nouēbre, mille cinq cens quarante : duquel n'estoit faite mention esdites lettres: mais seulement en termes generaux des arrests donnez contre les Vaudois. Et sur ce fut dit, que ledit pretendu Arrest seroit executé selon sa forme & teneur, faisant pareil erreur que deuant. Et que lesdits Commissaires ia deputez, se transporteroyent audit lieu de Merindol, & autres lieux requis & necessaires, pour l'executiō d'iceluy. Et seroyēt exterminez tous ceux qui seroyēt de ladite secte: ceux qui seroyent prins prisonniers, menez en galeres pour prison. Furent commis pour executeurs, maistre François de la Fond, second President, Honoré de Tributiis, & Bernard de Badet Conseilliers: auec lesquels se transporta ledit maistre Iean Menier, President, comme Lieutenāt de nostre dit feu pere: pour donner (ainsi qu'il disoit) la main forte à iustice seulement, & en ce qu'il en seroit besoin. Et mena gens & artillerie: lesquels sans tenir le chemin de Merindol, allerent à Cadenet: auquel lieu ledit Menier tint conseil, en ladite qualité de Lieutenant de nostre dit feu pere: & sur ce qu'ils disoyent, qu'on leur auoit rapporté, qu'il y auoit grād nombre desdits habitans

en

en armes, qui auoyent fait vn bastion. Et sans autrement en enquerir, conclurent qu'ils les iroyent assaillir, & rompre ledit bastion, & les tuer s'ils se reuengeoyent: & s'ils s'en fuyoyẽt, que leurs maisons seroyent bruslées. Distribuent aux capitaines plusieurs villages, pour estre bruslez, & consequemment pillez: combien que de ce ne fust faite aucune mention audit pretendu Arrest, qu'ils disoyent executer: & qu'à iceluy donner, lesdits habitans ny en general ny en particulier, n'eussent iamais esté appelez. Furent aussi distribuez au capitaine Poulin plusieurs villages appartenãs à la dame de Cental: laquelle l'aduertit & aussi ledit Menier, que ses suiets estoyent bons laboureurs & bons Chrestiens, & non de la secte Vaudoise: qu'elle les prioit de ne leur faire tort: offrant de les faire ester & obeir à iustice. Dont ledit Poulin aduertit ledit Menier President: & qu'il luy enuoyast vn homme de robbe longue, pour sauoir qu'il auoit à faire. Toutesfois sans auoir esgard ausdites remonstrances, furẽt bruslez & pillez vingtdeux villages, sans aucune inquisition ne cognoissance de cause, de ceux qui estoyent coulpables ou innocens: & sans qu'il y eust de la part desdits habitans aucune resistance, ny aucun bastion. Et auec ce auoyent esté les biens desdits habitãs pillez, & plusieurs filles & femmes forcées, & autres crimes execrables cõmis. Ce fait, allerent lesdits pretendus Commissaires à Merindol, ou ne trouuerent qu'vn poure garçon de dixhuit à vingt ans, qui s'estoit caché: lequel ils firent attacher à vn oliuier, & tuer à coups de haquebuttes, piller ledit village & brusler. Et ce fait, allerent à Cabrieres, ou furent tuez hommes & femmes, & filles forcées, iusques dedens l'eglise : grand nombre d'hommes liez ensemble, & menez en vn pré, & là taillez en pieces: & plusieurs autres cas execrables commis, assistant ledit Menier. Au lieu de la Coste y auroit eu plusieurs hõmes tuez, femmes & filles forcées, iusques au nombre de vingtcinq dedens vne grange, & infinis pillages esté faits par l'espace de plus de trois sepmaines. Et pour cuider par ledit Menier couurir lesdites cruautez & inhumanitez, decerne cõmission narratiue, qu'il estoit aduerti qu'on pilloit & saccageoit bons & mauuais, Chrestiens & Vaudois : par laquelle est mandé crier à son de trompe defenses de non piller, sinon ceux contre lesquels seroit donné congé par nostre dit feu pere, ou luy. Aussi decerne autre commission en ces termes, Capitaines & soldats, qui auez charge de ruiner & deualiser en personnes & biens les Vaudois, ne touchez aux suiets du seigneur de Faulcon: qui estoit son parent. Furent faites defenses à son de trompe, tant par autorité dudit Menier, que dudit de la Fond, de non bailler boire & manger aux

Vau-

Vaudois, sãs sauoir qu'ils estoyẽt: & ce sur peine de la hard. Au moyẽ de quoy plusieurs femmes, enfans & autres vieilles gens furent trouuez par les chemins mangeans & paissans l'herbe, comme bestes brutes, & finalement morts de faim. Et apres lesdites cruautez & inhumanitez ainsi faites & cõmises, enuoyerent Commissaires, pour informer qui estoyent les suspects d'heresie: & en firent mener vn nombre infini aux galeres, par forme de prison, ou en est mort grande partie. Les autres, leurs procés faits, ont esté eslargis, quousque: sauf à nostre Procureur de plus amplement informer: & les autres condamnez en petites amendes, les autres absous purement & simplement: & mesme les suiets de la dame de Cental, comme appert par les iugemens produits. Et neãtmoĩs seroyẽt leurs maisõs demeurées brulées, & leura biens pillez. A ceste cause, lesdits premier & second Presidens, & lesdits de Tributiis & Badet conseilliers, voyans auoir mal procedé & contre la teneur desdites lettres de nostredit feu pere, qui requeroyẽt cognoissance de cause: voyans aussi les gens de nostredit Parlement de Prouence, qui auoyẽt dõné lesdits iugemens cõtre tout droict & raison: pour cuider couurir leurs fautes, se seroyent assemblez le cinquieme iour de May ensuyuant. Et le dire & rapport desdits Menier & de la Fõd, auroyent donné autre iugement ou pretendu

Arreſt, que l'execution encommencée ſeroit parfaite : & qu'à ceſte fin ſeroyent enuoyez deux des Conſeilliers de noſtre dite Cour, en chacun des ſieges,pour faire les procés , & declairer les confiſcations des biens.

Et derechef le vingtieme deſdits mois & an, ſe ſeroyent encores aſſemblez: & donné autre iugement ſuyuant les precedens, contenāt plusieurs chefs , pour touſiours cuider couurir & excuſer leurs fautes: & ſachant que la plainte en eſtoit venue iuſques à noſtre dit feu pere , auroyent enuoyé ledit de la Fond deuers luy. Lequel ſous ſon donné à entendre & procés verbal , auroit obtenu lettres données à Arques , le dixhuitieme iour d'Aouſt , mille cinq cens quarante cinq, approuuans taiſiblement ladite execution: n'ayant toutesfois fait entendre à noſtredit feu pere la verité du fait: ains ſuppoſa par icelles lettres, que tous les habitans des villages bruſlez , eſtoyent cogneus & iugez heretiques & Vaudois. Par leſquelles lettres eſt mādé receuoir à miſericorde , ceux qui ſe repentiroyent, & voudroyēt abiurer. Et depuis , nous aduertis de la verité du faict , & que ſans diſtinction des coulpables & innocens, contre toute forme & ordre de iuſtice, & ſans iugement ne condamnation , qui euſt auparauant eſté donnée contre eux , auoit eſté procedé par voye de faict & de force: dont s'eſtoyent enſuyuis les cas & crimes deſſuſdits: au-

aurions decerné Commiſſaires, pour informer: & auroyent eſté faits les procés criminels auſdits Menier & de la Fond, de Tributiis & Badet. Procedant au iugement deſquels, noſtre Procureur auroit dés le premier iour requis commiſsion, pour appeler les gens de noſtredit Parlement de Prouence, pour venir reſpondre par procureur ou ſyndic aux concluſions qu'il entendoit prẽdre à l'encõtre d'eux, pour l'iniquité & erreur oculaire de leurſdits iugemens, qui ont eſté cauſe deſdits crimes, cruautez & iniquitez. Surquoy ne luy auroit encores eſté fait droict. Et voyant que lon paſſoit outre au iugement des proces, ſans ſur ce luy faire droict, doutant que lon luy vouſiſt dire qu'il n'eſtoit appelãt: auroit preſenté requeſte aux Commiſſaires par nous deleguez iuges dudit procés, à fin d'eſtre receu appelant de l'execution de Merindol, & de ce qui s'en eſt enſuyui. Et pource que de receuoir noſtredit Procureur, appelant d'vne execution approuuée par arreſt ou iugemẽt d'vne Cour de Parlement, cela dependoit de noſtre autorité, & ne s'eſtendoit iuſques là le pouuoir & commiſsiõ de noſdits Cõmiſſaires: & pource qu'il eſtoit auſsi queſtion de cognoiſtre & iuger cõtre vne Cour de nos Parlemens: nous aurions voulu & ordonné, que noſtre Cour de Parlement de Paris, qui eſt la premiere & principale Cour de toutes nos Cours ſouueraines, en eust la cognoissance. Et à ceste fin aurions fait expedier nos lettres patentes, du vingthuitieme iour de Ianuier: mais se seroit trouué que ce iour mesme lesdites appelations premieres, qui estoyent de ladite conclusion de brusler, faite au lieu de Cadenet, de l'execution faite en la personne du harquebusé, & des defenses de non bailler viures, auroyent esté plaidées par nostredit Ptocureur, par deuant nosdits Commissaires: & qu'en plaidant lesdites appelations, lesdits Presidens Menier & de la Fond, de Tributiis & Badet Conseilliers, se seroyent principalement arrestez aux fins de non receuoir, disans que c'estoyent arrests & iugemens de nostredite Cour de Parlement de Prouence: & que par les lettres patentes de nostredit feu seigneur & pere, ladite executiõ estoit couuerte & approuuée: tellement qu'il n'auroit esté receu appelant: mais auroit esté sa requeste & appelations iointes au procés criminel. A ceste cause il auroit presenté autre requeste, pour estre receu appelant desdits iugemens, ou pretendus arrests: comme dõnez par gens qui n'estoyent iuges, sans ouir parties, sur simples requestes du Procureur de nostredit feu pere, sans cognoissance de cause, & contenant erreurs iniques, cruautez & inhumanitez: persistant à ce que suyuant nosdites patentes, lesdites appelations fussent plaidées en la grande chambre de nostre Cour de Parlemẽt

de

de Paris, enſemble celle qu'il interiette par ces preſentes, ſoit du pretendu arreſt, ou iugement donné audit Parlement de Prouence, le dixhuitieme iour du mois de Nouembre, l'an mille cinq cens quarante : en ce que par iceluy les femmes, enfans & familles, villages & communautez dudit Merindol, ſont condamnez comme heretiques & fauteurs, ſans auoir eſté ouis ny appelez en iuſtice. Auſsi de l'executiō deſdites lettres, ſubrepticement obtenues le premier iour de Ianuier, cinq cens quarante quatre : en ce que leſdits Menier & de la Fōd, & ſes conſors pretendēt eſtre mandé par icelles executer ledit iugement & pretendu arreſt dudit dixhuitieme iour de Nouembre: & auſsi du iugement & pretendu arreſt donné le iour de Quaſimodo, douzieme iour d'Auril, cinq cens quarantecinq. Et encores des iugemēs ou pretendus arreſts, des cinquieme & vingtieme iour de May, cinq cens quarantecinq, & de l'execution deſdites lettres ſubrepticemēt obtenues de noſtredit feu ſeigneur & pere, données à Arques le 17. iour du mois d'Aouſt enſuyuant : en ce que leſdites lettres pourroyent porter approbation de ladite execution, comme données ſur le rapport & proces verbal dudit de la Fond : lequel noſtredit Procureur maintient faux en pluſieurs omiſsions & autres actes, comme appert par le procés : & deſquels iugemens & pretendus arreſts, lettres &

Procés, lesdits Menier, de la Fond & ses consors se sont aidez pour leurs iustifications & excuses audit proces criminel contre eux fait, & desdites appelations ia plaidées. Pource est il, que nous apres auoir entendu la qualité du faict, dont est question: & le scandale qui en a esté, & est, non seulemēt en ce royaume: mais és pais estrangers: & à ce que tout ainsi que les executions tant miserables faites esdits lieux, ont publiquement esté faites, qu'elles soyent aussi publiquement reparées, s'il y a faute: & la verité cogneue, non seulement à nos Iuges: mais aussi à nos suiets & estrãgers, qui en peuuent estre mal edifiez: & aussi pour le deuoir de la iustice, & conseruation de la memoire de feu nostredit seigneur & pere: auons par ces presentes, de nos certaine science, pleine puissance & autorité royale, euoqué & euoquons à nostre personne, l'instance de la requeste par nostredit Procureur de la chambre de la Roine, presentée par deuãt les Iuges d'icelle chambre, & appelations par luy formées, des executions faites audit lieu de Merindol, & autres villages: sur lesquelles les parties ont ia esté ouyes par deuant lesdits Iuges, appointées au cõseil, & iointes au procés prĩcipal, pour estre de nouueau plaidées, comme estans lesdites requestes & appelations inseparables d'auec la requeste & appelations de nouueau interiettées par nostredit Procureur, auec la requeste aussi aufsi prefentée, tendant à fin d'eftre receu à fe porter pour appelant des pretendus iugemens & executions defdites lettres patentes cy desfus declairées. Et le tout auons par cefdites prefentes renuoyé & renuoyons en noftre Cour de Parlement à Paris, en ladite grande chambre du plaidoyé d'icelle, au vingtieme iour de May prochain venant, pour y eftre publiquemẽt & à huis ouuert plaidé: & les parties ouyes en eftre ordonné ce que de raifon. En interdifant & defendant aufdits Iuges de ladite chambre de la Roine par cefdites prefentes (que voulons par nous leur eftre prefentées par le premier Huifsier ou Sergeant fur ce requis, qu'à ce faire commettons) toute Cour, iurifdiction & cognoiffance. Si te mandons & commettons par ces prefentes, que les gens de noftredit Parlement de Prouence, enfemble ledit Menier, de la Fons & Badet, & de Tributiis, & autres qu'il appartiẽdra, tu intimes audit iour en noftredite Cour de Parlement à Paris, en ladite grande chambre du plaidoyé: pour fouftenir & defendre lefdits iugemens, & executions d'iceux, & defdites lettres patentes: & aufsi lefdites procedures, & autres tors & griefs: & iceux voir reparer, corriger & amẽder, fi befoin eft: finon proceder outre felon raifon. Et adiourne audit iour à comparoir en noftredite Cour, lefdites gens de noftre Parement de Prouẽce, par fyndic ou procureur, qui ſera pour ce conſtitué par eux: pour defendre auſdictes appelations, reſpondre à noſtredict procureur: & pareillement ledict Meſnier & de la Fons, de Tributiis & Badet, & autres parties aduerſes de noſtredit Procureur, ſi aucunes en y a: leur faiſant commandemẽt qu'ils ſoyent & comparent audit iour en noſtredite Cour, s'ils voyent que bon ſoit, & que leſdites appelations leur touchent ou appartiennent en aucune maniere: en leur faiſant les inhibitions & defenſes en tel cas requiſes. A laquelle noſtredite Cour de Parlement de Paris, en ladite chambre du plaidoyé d'icelle, de nos grace ſpeciale, pleine puiſſance & autorite royale, nous auons, comme deſſus eſt dit, attribué & attribuons la cognoiſſance & deciſion deſdites appelations: nonobſtant l'eſtablement de noſtredit Parlement de Prouence, & les appointemens donnez par noſdits Commiſſaires, ſur la requeſte de noſtredit Procureur, iointe au procés criminel, auec les premieres appelatiõs ia plaidées, que ne voulõs preiudicier à noſtre dit Procureur: & quelconques autres edicts, mandemens, reſtrictions ou defenſes à ce contraires: auſquelles, entant que beſoin ſeroit, nous auons derogué & deroguons de noſtredite puiſſance & autorité par ceſdites preſentes: car tel eſt noſtre plaiſir. Donné à Montereau, le dixſeptieme iour de Mars, l'an de grace mille cinq cens quaranteneuf, & de noſtre regne

regne le troisieme. Ainsi signé, Par le Roy. Clausse: & seellé du grand seau de cire iaune sur simple queue.

PAr ces lettres chacun peut cognoistre que le Roy a desauoué le faict de ces tyrans, cõme exploité au desseu & grand regret de feu son pere François, lors Roy de Frãce. Et pour mieux donner à entẽdre à toutes nations, que le Lis François n'auroit ainsi esté ensanglanté de si inhumaine effusion de sang innocent, & souillé, voire noirci d'vne barbarie, cruauté, felonnie & rage plus que diabolique, surpassante toutes celles, dõt les histoires ont iamais fait mention: Dieu a voulu que le Roy Henri, ait fait constituer prisonniers à Paris, les auteurs d'vn tel saccagement: & que leur procés fust fait en Parlement, deputant deux fameux Aduocats, pour defendre la cause de ceux de Merindol, son Procureur general adioint. Si alors que nous mettions ceste Tragedie & lamentable histoire en public, eussions peu recouurer les procedures & plaidoyez, qui ont esté demenez par plusieurs iours en pleine audience de tout le royaume de France, nous eussions reduit les choses en meilleur ordre, declairans plus clairement les malins conseils & entreprinses des ennemis iurez de la verité. Bien est vray, que nous esperons que le temps (comme il est au Prouerbe) reuelera tout, mesme deuant la grande iournée du Seigneur.

Ce neanmoins, nous prions d'affection Chrestienne tous ceux qui ont par deuers eux quelques memoires concernans ce faict: ou qui ont esté spectateurs & tesmoins oculaires, de vouloir auancer le tout à l'honneur de nostre Seigneur Dieu, & à l'edification de sa poure Eglise, agitée en ce monde par tant de tormentes & orages.

FIN.

www.ingramcontent.com/pod-product-compliance
Ingram Content Group UK Ltd.
Pitfield, Milton Keynes, MK11 3LW, UK
UKHW022107190726
13855UKWH00002B/695